천국의 비밀

The Mysteries of the Kingdom of Heaven

The Kingdom and the Church,
        Peter and Paul's Ministry

국립중앙도서관 출판시도서목록(CIP)

천국의 비밀 : 천국, 하나님 나라, 그리고 교회의 차이 : 베드로와 바울 사역의 차이 / 지은이: 프레드릭 W. 그랜트, 아달벨트 P. 세실 ; 옮긴이: 이종수. -- [서울] : 형제들의집, 2014
　　p. ;　　cm

원표제: Kingdom and the church, Peter and Paul's ministry
원저자명: Frederick W. Grant, Adalbert P. Cecil
영어 원작을 한국어로 번역
ISBN 978-89-93141-65-8 03230 : ₩7000

천국[天國]
교회[敎會]
기독교[基督敎]

231.62-KDC5
236.24-DDC21　　　　　　　　　　　　　CIP2014014243

천국의 비밀

프레드릭 W. 그랜트 & 아달벨트 P. 세실 지음 | 이종수 옮김

형제들의 집

차례

제 1부. 천국, 하나님 나라, 그리고 교회의 차이
by 프레드릭 W. 그랜트

제 1장 천국이란 무엇인가?	9
제 2장 사람의 손에 맡겨진 천국	20
제 3장 천국의 열쇠	32
제 4장 천국의 범위	44
제 5장 천국과 교회의 차이	52
제 6장 마태복음 13장의 천국 비유	61
제 7장 알곡 가운데 가라지	73
제 8장 세속적인 권세와 교회의 음성	92
제 9장 하나님의 계획과 목적	107
제 10장 영원한 복음	120
저자 소개	130

제 2부, 베드로의 사역과 바울의 사역의 차이

by 아달벨트 P. 세실

제 1장 천국의 사역자 - 베드로 135
제 2장 교회의 사역자 - 바울 159
저자 소개 176

천국의 비밀

제 1부
천국, 하나님 나라, 그리고 교회의 차이

프레드릭 W. 그랜트
(Frederick W. Grant, 1834-1902)

제 1장 천국이란 무엇인가?

성경에서 천국이란 용어만큼 자주 사용하면서, 그 의미를 제대로 이해하지 못하는 말도 없다. 그럼에도 그 단어의 사용 빈도수를 보면 그 중요성은 너무도 크다. 사실, 천국이란 말은 오직 마태복음에서만 사용되고 있고, 그것도 31회 정도 등장한다. 유사한 표현으로는 "하나님의 나라"가 있다. 이 표현은 천국이란 용어보다 더욱 많이 사용되고 있으며, 게다가 다른 복음서에서는 다양한 비유 속에서 천국이란 단어를 대신해서 사용되고 있다. 함께 모아보면, 이 두 가지 표현은 신약성경에서 매우 중요한 의미를 전달해주고 있기에, 이것을 어떻게 해석하느냐에 따라서 성경의 상당 부분을 해석하는데 엄청난 영향을 미치게 된다. 따라서 필자는 이 두 가지 표현을 전체적으로 살펴봄으로써 천국의 교리를 철저하게 고찰해보고, 이 교리가 가지고 있는 실제적인 의미를 파악해보고자 한다. 그렇게 할 때, 우리는 "모든 성경은 하나님의 감동으로 된 것으로 교훈과 책망과 바르게 함과 의로 교육하기에 유익"(딤후 3:16)하다는 것을 확신하게 될 것이다.

천국(the kingdom of heaven)은 신약성경에서만 사용하는 용어이다. 그렇긴 하지만 천국은 그 뿌리를 구약성경에 두고 있다. 천국의 개념은 다니엘서에서 그 기원을 찾아 볼 수 있다. 선지자 다니엘은 장차 느부갓네살 왕이 "들짐승과 함께 살며 소처럼 풀을"(단 4:25) 먹는 기간이 끝난 후에 겸손하게 되었을 때에야 비로소 "하늘(들)이 다스리는 줄(the heavens do rule)"(단 4:26, KJV 참조) 깨닫게 될 것으로 예언한다. 이 개념은 후에 "지극히 높으신 이가 사람의 나라를 다스리시며 자기의 뜻대로 그것을 누구에게든지 주시는"(32절) 것으로 확장된다. 그럼에도 우리는 여기서 하나님의 통치, 즉 최고의 통치권자이신 하나님이 사람들을 다스리신다는 개념만을 발견할 뿐이다. 특별하고, 제한적이고, 세대적인 왕국의 개념은 볼 수 없다. 이러한 통치의 권세는 느부갓네살 왕이 말한 것처럼, "그 권세는 영원한 권세요 그 분의 왕국은 대대에 이르[게]"(34절) 될 것이다.

"이방인의 때"

다니엘서는 우리를 이보다 더 멀리 이끌고 간다. 역사적으로, 그리고 예언적으로 천국의 시간적 범위는 주님이 말씀하신 대로 "이방인의 때가 차기까지"(눅 21:24)를 포함하고 있다. 즉 이방인들이 권세로 이스라엘을 다스리는 시기를 포함하고 있다. 이렇게 된 것은 이스라엘 민족이 하나님을 대적하고 또 범죄한 결과였다. 이는 하나님이 더 이상 이스라엘 가운데 거하지 않으시는 것을 의미했다. 하지만 하나님은 과거에 이스라엘 가운데 거하셨으며, 장차 그리하실 것이다. 그래서 주님은 미래 예루살렘에 대해서 이렇게 말씀하셨다. "내 보좌의 처소, 내 발을 두는 처소, 내가 이스라엘 족속 가운데에 영원히 있을 곳이라."(겔 43:7)

주님이 "내 보좌의 처소"라고 불렀던 예루살렘 성은 사실상 느부갓네살 왕이 예루살렘 성과 그 성전을 초토화시키기 이전에 이미 주님께로부터 버린바 되었다. 그래서 우리에게 엄숙하고도 중요한 시기의 역사를 보여주고 있는 구약성경에는 엄청난 변화가 일어났다. 언약궤는 "그룹 사이에 계신"(사 37:16) 하나님의 보좌에 대한 상징이었고, 그래서 "온 땅의 주의 언약궤"(수 3:11)

가 요단강을 건넜을 때, 그것은 가나안 땅을 정복하고 주의 소유로 삼는 것을 의미했다. 하지만 에스겔이 본 환상에 의하면(겔 10:18, 11:23), 이제는 하나님의 영광이 땅에 있는 처소를 떠났다. 그리고 하나님은 바사(페르시아) 왕 고레스에게 세상 모든 나라를 맡기신다. 그래서 고레스는 "하늘의 하나님 여호와께서 세상 모든 나라를" 자기에게 주신 하나님을 위해서 성전을 재건하도록 칙령을 내린다(대하 36:23, 스 1:2).

이것은 그저 단순한 표현이 아니다. 오히려 포로기 시대에 기록된 성경, 즉 에스라, 느헤미야, 그리고 다니엘서의 주요한 주제였다. 영원하신 하나님의 보좌가 이 땅에 세워지는 것은 포기할 수 없는 일이지만, 그럼에도 세대적으로 하나님의 보좌(a dispensational throne)는 현재 이 땅을 떠나 있는 상태이다. 그래서 이것이 바로 현재 이방인의 때를 특징짓고 있다. 비록 하나님에 의해서 이 땅에 보좌가 놓였지만, 그럼에도 하나님의 보좌도 아니요, 하나님 왕국의 보좌도 아니다. 하나님의 나라가 이 땅에 세워지려면 사람들은 소망 가운데서 기다려야만 한다. 하지만 머지않아 하나님의 나라가 이 땅에 가시적으로 임하게 될 것이다.

따라서 다니엘서는 우리에게 이방 나라들의 종말을 보여주며, 그 시대를 넘어 전적으로 다른 왕국을 보여준다. "이 여러 왕들의 시대에 하늘의 하나님이 한 나라를 세우시리니 이것은 영원히 망하지도 아니할 것이요 그 국권이 다른 백성에게로 돌아가지도 아니할 것이요 도리어 이 모든 나라를 쳐서 멸망시키고 영원히 설 것이라."(단 2:44)

이러한 왕국은 느부갓네살 왕이 본 환상 속에 나타났지만, 그는 이렇게 세워질 최종적인 왕국의 특징을 선명하게 볼 수는 없었다. 선지자 다니엘에게 나중에 보여주신 환상(단 7장)은 우리로 이해하기 쉽게 더욱 발전되었고, 이방나라의 권세와 그것을 대체하는 왕국의 권세가 가진 영적인 특징을 잘 보여주고 있다. 왕이 환상 속에서 본 신상은 사람의 모습을 하고 있었지만, 그 속에는 생명의 기운이 없었다. 광채는 찬란했지만 끊임없이 퇴보하고 있었다. 하지만 다니엘의 눈에는, 사람의 형상도 아니고 또 하나의 통일체도 아니었다. 생명과 정력은 가득했지만 짐승의 수준에 속한 것이었다. 다른 한편, 최종적인 왕국에 대해서는 비록 상세한 설명은 없었지만 새롭게 계시된 내용은 참으로 희망으로 가득한 것이었다. 즉 그 통치가 인자 같은 이의 손에 있었고, 성도들은 그 아래서 왕국을 얻는 것이었다.

그렇다면 "천국"은 땅에 대한 하늘의 통치를 통해서 최종적으로 전 세계적인 의와 평강의 승리가 실현되는 것을 의미한다. 그렇다면 우리는 천국이야말로 모든 선지자들이 예고한 예언의 실현이며, 게다가 여자의 후손이 가져올 최종적인 승리의 확장으로 보아야 한다. 천국의 실현은 결코 잊혀질 수 없는 하나님의 최종 목표이며, 모든 세대의 최종적인 목적이기 때문이다.

천국이 예고되다

다니엘서에서 말하고 있는 구약성경의 예언은 광야의 소리가 있은 후에 끝나게 되어 있었다. 예언 실현에 대한 기대가 오랜 동안 중단되어 있었고, 과거 수년 동안 여러 선지자들에겐 무거운 짐이었지만, 이제야 천국이 가까이 왔다고 선포되었다. 하지만 백성들은 준비되어 있지 않았다. 그래서 광야에서 부르짖는 자의 소리만 메아리칠 뿐이었다. 세례 요한은 성소를 버리고 떠난 제사장이었고, 사람들과는 거리를 두고 있었다. 그는 죄 사함을 받으려면 회개의 침례를 먼저 받아야 한다고 외쳤다. 높은 산이 평지처럼 낮아지고, 그렇게 주의 길이 준비될 수 있었다.

그리고 또 다른 소리가 있었고, 예고된 분이 오셨다. 천국이 제시되었고, 표적과 권능이 따랐으며, 사람들 가운데 천국이 세워질 준비가 되었다. 부족한 것은 전혀 없었다. 다만 충성스러운 마음만이 자기 왕을 환영할 수 있었다. 하지만 그 무엇으로도 충족될 수 없는 결핍이 드러났다. 더욱 뚜렷한 증거가 제시될수록, 더욱 왕이신 주님은 거절을 당했다. 오히려 이스라엘 가운데서 볼 수 없었던 믿음을 이방인에게서 찾을 수 있었다(마 8:10). 그 결과 "동서로부터 많은 사람이 이르러 아브라함과 이삭과 야곱과 함께 천국에 앉으려니와 그 나라의 본 자손들은 바깥 어두운 데 쫓겨나 거기서 울며 이를 갈게 되리라"(마 8:11-12)는 선언이 내려졌다.

왕이 거절당하다

왕께서 거절을 당하는 과정을 일일이 추적할 필요는 없다고 본다. 마태복음 12장은 이미 그 과정이 완결되었음을 보여준다. 유대인들은 하나님의 권능과 사랑으로 가득했던 왕의 위대한 역사들을 바알세불의 것으로 돌렸고, 왕이신 주님은 그것을 사하심을 받을 수 없는 성령을 훼방하는 죄로 천명하셨다. 그들은 표적을 구했다. 하지만 인자가 밤낮 사흘 동안 땅 속에 있어야 하는, 선지자 요나의 표적 외에는 그들에게 보여줄 것이 없었다. 마태복음 12장은 혈연관계가 단절되는 것으로 끝난다. (이제 천국은 이스라엘 민족 뿐만 아니라 이방인을 포함하게 되었고, 따라서) 누구든지 하늘에 계신 아버지의 뜻대로 행하는 자가 왕의 형제요 자매요 어머니였다.

이 일은 마태복음 13장을 이끌었다. 마태복음 13장에 있는 일곱 개의 비유는 현재 왕께서 거절당하시고 멀리 떠나 있는 상태로 존재하게 될 천국의 예언적인 특징을 소개하고 있다. 자신의 포도원에서 열매를 더 이상 기대할 수 없게 되자, 주님은 이방인 중에서 신선한 열매를 맺을 씨앗을 심고자 (집을) 나가신다. 비유로 말씀하신 이유는, 그들이 들어도 알아듣지 못하며 깨닫지 못했기 때문이다. 다만 주님은 제자들에게 "천국의 비밀"을 가르치셨다. 즉 이 천국의 비밀들은 이전에는 유대교에 계시된 적이 없는, 오히려 창세부터, 즉 세상의 기초를 놓던 때로부터 비밀스럽게 감추어 온 것들이었다(35절).

왕국의 두 가지 형태

사실 우리는 이 비유들을 통해서, 천국의 근본적인 개념이 전반적으로 다른 두 가지 형태로 보존되어 온 것을 알 수 있다. 그 첫 번째 형태는 하늘의 왕국으로서 인자의 손에 있는 것이다. 하지만 아직 권능 가운데 설립되지 않았고, 다만 사람의 손에 맡겨진 상태에 있다. 따라서 두 번째 형태는 이 땅에 임해 있는 비밀스러운 형태의 천국으로서 그 천국의 행정이 사람의 손에 맡겨져 있다. 따라서 사람은 천국의 행정에서 실패할 수 밖에 없으며, 무질서가 있을 뿐더러 심지어 공중의 권세를 잡은 사탄의 개입에 의해서 악에 의한 부패의 가능성도 있다. 왕이 권능으로 오실 때에는 모든 악을 뿌리 뽑는 정화과정이 있을 것이다. "인자가 그 천사들을 보내리니 그들이 그 나라에서 모든 넘어지게 하는 것과 또 불법을 행하는 자들을 거두어 내어 풀무 불에 던져 넣[을 것이다.]"(마 13:41,42) 따라서 천국의 비밀은 그 나라가 세워질 때 끝나게 된다. 그리스도의 왕국과 그 영광이 나타날 것을 바라보면서(살전 2:12) 현재적인 왕국으로서 천국과 예수 그리스도의 인내(계 1:9)에 동참하는 사람은 풍성한 수확을 거둘 것을 기대하면서 씨앗을 심고 있는 것이다.

이러한 천국의 두 가지 형태는 조심스럽게 구분할 필요가 있다. 라오디게아 교회에 주님이 하신 말씀은 이 둘을 매우 분명하게 구분하고 있다. "이기는 그에게는 내가 내 보좌에 함께 앉게 하여 주기를 내가 이기고 아버지 보좌에 함께 앉은 것과 같이 하리라."(계 3:21) 교회를 향해 이러한 말씀을 하시는 분은 인자로서의 주님이시다. 이 구절에서 언급하고 있는 "내 보좌"란 사람이신 그리스도께서 앉으실 보좌를 가리키며, 이것은 아버지의 보좌와 대조를 이루고 있다. 아버지의 보좌에는 오직 주님 자신 외에는 앉지 못하지만, 주님의 보좌에는 이기는 성도들이 주님과 함께 앉을 것으로 약속되어 있다.

이제 주님은 현재적 왕국으로서 천국을 소유하고 계실 뿐만 아니라 통치하고 계신다. 이 현재적 왕국에서 우리는 섬기는 것만 할 수 있을 뿐 다스릴 수 없다. 우리는 "그의 사랑의 아들의 나라로" 옮겨졌다(골 1:13). 그리스도인들이 통치하는 때는 아직 도래하지 않았다. 게다가 주님께서 공적으로 통치하시기 위해서 인자로서 다시 오심으로써 구약성경이 예언하고 있는 형태로 그 나라를 세우실 때까지 우리는 다스릴 수 없다.

우리는 지금 주님의 현재적 왕국으로서 천국에 참여하고 있다. 이 현재적 왕국은 (구약성경의 예언과는) 매우 다른 방식으로 세워졌다. 씨를 뿌리심으로써, 곧 천국 말씀이 전파됨으로써 시작된 것이다(마 13:19). 왕국은 확장의 한계가 있는데, 이는 천국 말씀이 사람의 마음에 뿌려지기 때문이다. 우리 앞에 제시된 것은 고백의 영역과 그 특권이다. 마귀는 마음에 뿌려진 것을 낚아채 간다. 그 속에 뿌리가 없는 사람은 자갈밭과 같은 마음을 가진 사람이다. 땅에서 우후죽순처럼 생긴 가시 떨기는 좋은 씨앗을 자라지 못하게 기운을 막아 결실치 못하게 한다. 이내 원수가 와서 곡식 사이에 가라지를 심는다. 이 모든 것이 천국의 그림이다.

여기엔 여러 가지 다른 측면이 있다. 연속적으로 나오는 비유 가운데 마지막 세 개의 비유는 결코 실패할 수 없는 하나님의 계획과 목적을 다룬다. 인간의 측면에서 보면 항상 변화무쌍한 형세와 실패의 가능성과 선과 악의 혼합과 그리고 이를 바로잡기 위한 심판의 필요성이 있다. 긍휼의 개념이 들어올지라도 순수한 은혜만 있지 않고, 조건적이다. 하나의 증거의 형태로 제시된 비유는 마태복음 13장에서 시작해서 마태복음 18장으로 끝난다.

왕께서 멀리 떠나 계신 동안, 천국의 행정이 사람의 손에 위탁되었다. 우리가 살펴볼 대부분의 특징은 이 일(왕의 부재) 때문에 비롯된 것이다. 이처럼 비밀스러운 형태가 천국의 독특하고도 근본적인 특징이다. 좀 더 자세히 살펴보자.

제 2장 사람의 손에 맡겨진 천국

　현재 왕국의 형태로 설립된 천국은 부재한 왕의 말씀에 의해서 통치를 받고 있다. 부재하신 동안 왕을 대변하는 것은 그분의 말씀이다. 말씀은 곧 왕의 권위를 나타낸다. 그리스도의 나라는 빌라도가 "그러면 네가 왕이 아니냐?" 는 질문에 대한 주님의 말씀에 의하면 진리의 나라(a kingdom of truth)이다. 그리고 이어서 주님은 대답하셨다. "네 말과 같이 내가 왕이니라 내가 이를 위하여 태어났으며 이를 위하여 세상에 왔나니 곧 진리에 대하

여 증언하려 함이로라 무릇 진리에 속한 자는 내 소리를 듣느니라."(요 18:37)

"주인님(master)", "선생님(teacher)", 그리고 "주님(Lord)"이란 호칭은 이러한 개념을 내포하고 있다. "너희가 나를 선생이라 또는 주라 하니 너희 말이 옳도다 내가 그러하다."(요 13:13) "주인님"이란 호칭은 주님이 가지고 계신 절대적인 권위를 담고 있다. 이런 의미에서 주님은 제자들에게 "너희 선생은 하나뿐이니, 곧 그리스도라."(마 23:8, KJV 참조)고 말씀하셨다. 그리스도의 말씀을 받아들이는 것은 그분의 권위에 순복하는 것이며, 그리스도의 주되심이 마음에서 이루어지는 것이다. 하지만 그리스도의 말씀은 천국 말씀으로서 비유의 형태로 주어졌다(마 13:18,19). 따라서 그리스도의 백성(subjects, 신하)은 곧 제자들이며, 제자도를 통해서 천국에 들어가게 된다. 그래서 마태복음 13장 52절은 이러한 사람들을 "천국의 가르침을 받은 서기관"으로 부르는데, "가르침을 받은(instructed)"이란 말은 문자적인 의미로 "제자훈련을 받은(discipled)"을 의미한다.

제자도의 영역

천국의 비유에서, 우리는 참된 제자와 거짓 제자가 서로 섞여 있는 상태로 존재하는 제자도의 영역에 대한 그림을 볼 수 있다.

그래서 곡식과 가라지, 좋은 물고기와 나쁜 물고기, 지혜로운 처녀와 어리석은 처녀, 혼인 예복을 입은 손님과 혼인 예복을 입지 않은 손님, 그리고 참된 봉사를 한 종과 그렇지 않은 종에 대한 이야기가 소개되고 있다. 마지막 때가 돼서야 그 차이가 드러날 것이다. 마지막 때에 인자는 "자신의 왕국에서 모든 넘어지게 하는 것과 또 불법을 행하는 자들을 거두어"(마 13:41) 내실 것이다. 그 마지막 추수 때까지 (여기서 추수 때는 세대의 끝을 의미하며, 세상의 끝을 의미하지 않는다.) 알곡과 가라지, 좋은 것과 나쁜 것이 함께 공존하게 된다.

따라서 천국은 신앙고백의 전체 영역을 아우른다. 천국 안에 있는 사람들은 자신의 생각대로 참된 제자일수도 있고 아닐 수도 있다. 그렇기 때문에 천국의 축복은 조건적인 특징을 띤다. 사람들은 두 가지 방법으로 천국에 들어간다. 이를 테면 천국에는 외적인 영역과 내적인 영역이 있다. 마음 속에 천국이 이루어진 것이 아니라 단순히 천국의 외적인 영역에만 머무는 것일 수가 있다. 구원을 받은 사람만 천국의 내적이고 실제적인 영역으로 들어가게 된다. "누구든지 주의 이름을 부르는 자는 구원을 받으리라."(행 2:21) 물론 이것은 그저 입술로만 "주여, 주여"하고 부르는 것을 의미하지 않고(마 7:21), 주님을 향한 영혼의 진실된 순복이 이루어진 것을 의미한다.

이 모든 것들은 우리가 계속해서 이 주제를 전개해가면서 더욱 선명하게 드러날 것이다. 그럼에도 처음부터 이 사실을 명확하게 인지하는 것은 중요하다. 왜냐하면 이럴 때만이, 그렇지 않으면 복잡하고 혼돈스러움을 느낄 수 있는 부분을 쉽고 명확하게 해주기 때문이다. 모든 것의 조건성은 천국의 일반적인 개념과 조화를 이루고 있다. 천국의 통치는 전반적으로 은혜의 기반 위에 서 있지만, 그럼에도 순전한 은혜만 작용하고 있는 것은 아니다. 분명 (천국 복음에도) 은혜가 있다. 이 말은 은혜의 필요성을 무시하는 것이 아니라 오히려 은혜를 천국을 이루는데 절대적으로 필요한 것으로 소개하는 것이다. 이것이 바로 하나님의 자녀들이, 천국의 백성들로 소개되고 있는 이유이다. 이런 식으로 말하고 있는 성경의 본문들이 의외로 많이 있지만, 대개 두 가지 서로 반대되는 방식으로 해석함으로써 극단성에 빠지는 것을 종종 보게 된다. 즉 사람들은 하나님 은혜의 충만성만 강조하는 방향이거나, 아니면 사람을 향한 하나님의 은혜의 충만성을 거절하는 방향으로 나아가게 된다. 한 부류의 사람들은 자신들의 사역이 인정받지 못할 수도 있다는 의미로 "내가 내 몸을 쳐 복종하게 함은 내가 남에게 전파한 후에 자신이 도리어 버림을 당할까 두려워함이로다"(고전 9:27)는 바울의 표현을 받아들인다. 다른 부류의 사람들은 여기서 바울이 자신의 궁극적인 구원을 잃을까 두려움을 표현한 것으로 이해한다. 둘 다 틀렸다. 여기서 "버림을 당할까"라는 말은 고린도후서 13장의 "버림받다"(고후

13:5,6,7)라는 말을 번역한 것으로, 바울은 자신의 구원을 잃어버리거나 또는 자신의 사역을 인정받지 못하는 것에 대한 두려움을 표현하는 것이 아니라, 자신이 더 이상 주님께 쓰임 받지 못할 경우를 염려해서 말하고 있을 뿐이다. 신약성경의 다른 구절들과 비교해보면, 우리는 구원의 영원성에 대한 전체적인 가르침을 보고 확신을 가질 수 있다. 사실 참 그리스도인은 "뒤로 물러가 멸망할 자가 아니요 오직 영혼을 구원함에 이르는 믿음을 가진 자"(히 10:39)이기 때문이다.

매고 푸는 것

우리가 지금 살펴보고 있는 천국의 모습은, 참된 제자들이 그리스도께 복종하는 제자도를 실천하는, 진리에 속한 자들의 나라이다. 이제 우리는 주님이 부재해 계신 동안 천국이 사람의 손에 맡겨진 것을 보게 된다. 주님은 천국 말씀을 가지고 사역하도록 사람들을 사용하시며, 천국에 속한 일의 행정은 말씀을 통해서 진행되도록 계획하셨다. 따라서 제자들은 말씀을 가지고 혹은 말씀의 권위를 행사해서 "땅에서 무엇이든지 매면 하늘에서도 매일 것이요 네가 땅에서 무엇이든지 풀면 하늘에서도 풀리리라"(마 16:19), "너희가 누구의 죄든지 사하면 사하여질 것이요 누구의 죄든지 그대로 두면 그대로"(요 20:23) 있게 된다. 그렇다면 우리는 즉시 이러한 일의 본질과 한계가 무엇인지 묻지 않을 수 없다. 그럼에도 분명하고 확실한 것은 제자들은 어떤 의미에선 주님을 대표하도록 임명되었다는 것이다.

두 구절 가운데 첫 번째에서, 우리는 약속이 처음으로 베드로에게 주어진 것을 볼 수 있다. 왜냐하면 거의 우주적인 불신앙 가운데서 베드로는 우뚝 서서 그리스도를 살아 계신 하나님의 아들로 고백하는 신앙을 나타냈기 때문이다. 그 때 주님은 "바요나 시몬아 네가 복이 있도다 이를 네게 알게 한 이는 혈육이 아니요 하늘에 계신 내 아버지시니라 또 내가 네게 이르노니 너는 베드로라 내가 이 반석 위에 내 교회를 세우리니 음부의 권세가 이기지 못하리라 내가 천국 열쇠를 네게 주리니 네가 땅에서 무엇이든지 매면 하늘에서도 매일 것이요 네가 땅에서 무엇이든지 풀면 하늘에서도 풀리리라"(마 16:17-19)고 대답하셨다.

천국의 열쇠들은 천국에 대한 권위를 상징하고 있다. 거의 같은 말을 사용해서 주님은 빌라델비아 교회에 자신을 "다윗의 열쇠를 가지신 이 곧 열면 닫을 사람이 없고 닫으면 열 사람이 없는"(계 3:7) 분으로 소개하셨다. 주님은 바리새인들에 대해서 "천국 문을 사람들 앞에서 닫고 너희도 들어가지 않고 들어가려 하는 자도 들어가지 못하게 하는"(마 23:13) 사람들로 선언하셨다. 그리고 율법 교사들에게는 같은 말로 "화 있을진저 너희 율법교사여 너희가 지식의 열쇠를 가져가서 너희도 들어가지 않고 또 들어가고자 하는 자도 막았느니라"(눅 11:52)고 말씀하셨다.

이 모든 내용은 우리가 앞서 살펴본 내용들과 일치를 이루고 있다. 즉 천국은 진리에 속한 사람들의 나라이며, 따라서 천국의 열쇠는 천국에 들어가는 것을, 그리고 천국에 들어가는 것은 지식의 열쇠를 사용함으로써 되는 것이다. 그렇다면 실제로 천국의 열쇠는, 만일 문자적인 열쇠를 의미하는 것이 아니라면, 그것은 '제자도가 가진 힘'을 의미하는 것이다.

유대 랍비들이 쓴 글에 따르면, 매고 푸는 능력은 교사의 직분을 의미하며 또 교사의 직분에 속한 것이다.

" '매고 푸는 일'에 소명을 받은 랍비는 권위를 가지고 무엇이 양심에 합당한 것이며 또한 무엇이 아닌지를 선언해야 한다. 탈무드에 보면, 교사나 학교가 매고 푸는 일, 즉 무엇이 의무에 속한 일이며 또 무엇이 의무에 속한 일이 아닌지를 판단해야 한다는 표현이 연거푸 나타나고 있다."[1]

만일 열쇠가 가진 힘이, 즉 제자도가 - 천국에 들어가는 것을 결정하는 것이라면, 매고 푸는 것은 이미 천국에 들어간 사람 또

---

[1] 에더스하임의 유대 민족의 역사, p 405.

는 제자된 사람의 행실에 대한 규범으로 이해되어야 한다. 그렇다면 후자(열쇠, 천국에 들어가는 것)는 자연스럽게 전자(매고 푸는 것, 천국의 규범)와 연결되며, 후자는 전자를 따르게 된다.

문제는 남아 있다. 즉 천국의 열쇠(또는 열쇠가 가진 힘)은 베드로에게만 허락된 것인가? 잘 아는 대로, 로마 가톨릭 교회는 베드로가 교회가 세워지는 유일한 반석이며, 그에게만 천국의 열쇠가 특별히 허락된 것으로 주장한다. 천국과 (그리스도께서 들어가신) 하늘이 다른 것처럼 교회는 천국과는 엄연히 구분되는 별개의 실체이다. 현재 우리가 다루는 주제는 교회와는 아무 상관이 없다. 다만 천국에 대해서 생각해볼 때, 주님이 주신 약속 자체는, 그 매고 푸는 일의 영역이 땅에 한정되어 있다는 것을 주목해야 한다. "무엇이든지 너희가 땅에서 매면"이라는 말이 무엇이든지 땅에 속한 일을 매면 땅에서 매일 것이란 의미가 아니라, 주님이 말씀하신 대로 "무엇이든지 너희가 땅에서 매면 하늘에서도 매일 것"이란 의미이다. 땅은 다만 매는 일을 하는 영역이다. "하늘에서도 매일 것"이란 말은 하늘이 천국 권위의 중심이며, 또한 하늘이 땅에서 그 대표성을 가지고 행한 일을 확증할 것이란 의미이다. 땅에서, 즉 땅을 위해서 매고 푸는 것에는 권세가 있다. 그것을 대적하는 사람은 하늘의 권위를 대적하는 것이다. 주님은 이런 의미에서 "너희를 영접하는 자는 나를 영접하는 것이요"(마 10:40)라고 말씀하셨다. 땅에서 대표하는 권세가 있다는 것은 하늘의 권위를 받았음을 의미한다.

　로마 가톨릭 교회도 천국의 열쇠가 베드로에게만 속한 것으로 보지 않는다. 즉 베드로의 자리를 계승한 사람들이 천국의 열쇠를 물려받는 것이다. 프로테스탄트 교회는 천국의 열쇠가 말씀과 성례를 집전하는 권세를 가리키는 것으로 보기 때문에, 마찬가지로 다른 사람들도 천국 열쇠의 참여자들이 된다. 베드로의 믿음과 다른 제자들의 믿음을 다른 것으로 볼 여지가 없기 때문에, 다른 제자들도 베드로와 마찬가지로 이 약속의 수혜자인 것이다. 의심의 여지없이 베드로의 넘치는 에너지가 고백에 있어서 선두주자의 자리에 서게 했기 때문에, 베드로는 여전히 선두주자의 자리에 서있는 것이다. 마찬가지로 오순절 날 베드로는 천국을 유대인들에게 열어주었고, 나중에는 고넬료를 선두로 해서 이방인들에게도 천국을 열어주는데 하나님이 선택한 사람이었다. 하지만 우리는 이 두 번의 사례를 천국 열쇠를 사용한 유일한 사례로 생각해서는 안된다. 여기 마태복음 16장에서 분명히 베드로에게 약속된 매고 푸는 권세는 마태복음 18장에 가보면 다른 사람들에게로까지 확장되는 것을 볼 수 있다. 만일 열쇠가 가진 힘이 우리가 살펴본 대로, 천국 일을 집행하고 또 제자도를 통해서 천국에 들어가게 해주는 것이라면, 마태복음 28장의 지상대명령은 분명 이 권세를 더욱 확장하는 것이 된다. "예수께서 나아와 말씀하여 이르시되 하늘과 땅의 모든 권세를 내게 주셨으니" - 그렇다면 천국이 시작될 준비가 된 것이다. "그러므로 너희는 가서 모든 민족을 제자로 삼아" - 그리고 나서 천국 열쇠의 계승자들을 예상하는 내용이 등장한다. "볼지어다 내가 세상 끝 날까지 너희와 항상 함께 있으리라."

천국의 행정은 사람에게 맡겨졌다. 제자들은 사람들을 천국으로 영접하는 일을 시작해야 한다. 제자들은 왕이신 그리스도를 위해서, 그리고 그리스도 아래서 천국을 통제해야 한다. 그렇게 절대적으로 천국은 제자들이 돌보도록 위탁되었고, 마가복음에서 주님은 "하나님의 나라는 사람이 씨를 땅에 뿌림과 같으니 그가 밤낮 자고 깨고 하는 중에 씨가 나서 자라되 어떻게 그리 되는지를 알지 못하느니라"(막 4:26,27)고 말씀하셨다. 물론 주님이 자기 백성들이 자는 동안 돌보시지 않는 것은 아니지만, 주님 쪽에서 공개적인 개입이 배제된 상태에서, 그저 신앙 고백 상으로 주님에게 순복하는 사람들에게 외적으로 일어난 일을 언급할 뿐이었다. 하지만 "열매가 익으면 곧 낫을 대나니 이는 추수 때가 이르렀음이니라."(막 4:29) 때가 차면 주님은 즉시 낫을 대실 것이다. 그렇다면 사람의 일과 상관없이 추수 때는 그 정해진 시간에 정확하게 임하게 될 것이다.

그 어간에 천국은 이상한 형태를 띠게 된다. 그럼에도 추수 때가 장차 있다는 것은 확실하며, 씨가 나서 자라되 어떻게 그리 되는지 사람이 알지 못하는 것도 확실하다. 천국은 하나님의 말씀에서 마치 무엇과 같다는 식으로 제시되어 있다. 그래서 천국은 "마치 사람이 자기 밭에 갖다 심은 겨자씨 한 알 같[고]"(마 13:31), 또 "마치 여자가 가루 서 말 속에 갖다 넣어 전부 부풀게 한 누룩과 같[다.]"(마 13:33) 따라서 이러한 구절들은 주님이 의도하신 바에 따라서 해석되어야 한다. 그렇지 않으면, 너무도 다른 해석이 되기 십상이다. 예를 들어 이 표현을 보자. "사람이 알지 … 못하느니라(He knoweth not how)." 여기서 씨를 뿌리는 사람은 주님이시다. 그래서 만일 이 구절의 알지 못한다는 표현을 문자 그대로 무슨 무지를 의미하는 것으로 이해하게 되면 전혀 엉뚱한 결론에 도달하게 된다. 사실 성경은 "무릇 의인들의 길은 여호와께서 인정하시나(knoweth) 악인들의 길은 망하리로다"(시 1:6)고 말하고 있다. 주님은 교만한 자를 아실 뿐더러, "멀리서도 교만한 자를"(시 138:6) 헤아리신다. 주님은 모든 것을 아실 뿐더러 모르시는 것이 전혀 없다. 그렇다면 "씨가 나서 자라되 그 어떻게 된 것을 알지 못하느니라"(막 4:27)는 것은 마치 주님조차도 모르는 이상하고도 비정상적인 성장을 표현하고 있는 것이다.

따라서 사람의 손에 맡겨진 천국의 성장에 대해서, 주님이 모르신다는 것도 맞고, 멀리서도 아신다는 것도 맞다. 해 아래 새 것은 없다. 여기서 요점은 사람의 책임에 대한 것이다. 여기서 시편 기자의 말을 생각해보자. "사람은 존귀하나 장구하지 못함이여."(시 49:12) 여러 세대를 거치면서 이것이 사실인 것이 밝히 드러났다. 현재 세대만큼 이 사실을 입증하는 세대도 없을 것이다.

따라서 마태복음 13장의 두 번째 비유에서, "사람들이 잘 때에 그 원수가 와서 곡식 가운데 가라지를 덧뿌리고 갔더니"(25절) 라고 말하고 있다. 마태복음 25장에 보면, "신랑이 더디 오므로" 신앙고백을 했던 모든 사람들이, 지혜로운 처녀나 어리석은 처녀나 할 것 없이, '다 졸며 [자는]'(마 25:5) 상태에 빠졌다. 여기서 우리는 영적 하락의 역사를 볼 수 있다. 이 구절을 통해서 우리는 처음에 천국이 어떻게 진행되는 것인지, 그리고 거기에 대한 하나님의 대책은 무엇인지를 더 정확하게 볼 수 있다. 무질서를 통해서 무엇보다 우리는 질서를 배우게 된다. 그렇다면 하나님은 천국을 사람의 뜻대로 하도록 맡기신 것이 아니라, 다만 책임의 자리에 앉히신 것이 분명해진다. 사람은 독재자처럼 매고 푸는 자리에 있는 것이 아니라, 다만 주의 뜻에 따라 행하며 순복하는 자리에 있는 것이다. 이제 천국 열쇠에 대해서 살펴보자.

제 3장 천국의 열쇠

　천국 열쇠(the keys of the Kingdom)라는 표현은 천국에 들어가는 방식이 있을 뿐만 아니라 또한 천국은 오늘날 세상 국가들처럼 영토를 가진 형태로 존재하는 것이 아님을 선명하게 보여준다. 이를 테면 기독교 국가는 천국이 아닐뿐더러 천국의 일부도 아니다. 사람은 자연적 출생에 의해서 기독교 국가에 태어날 수는 있지만 결코 천국에 들어올 수는 없다. 입장 방식이 따로 있다. 천국은 오직 제자도를 통해서만 입장이 된다. 이 세상 사람들의 방식이 아니라 성경적인 제자도의 방식을 통해서만 가능하다. 천국에 들어가는 문이 있으며, 그 문은 제자들이 지키고 있다.

게다가 천국은 이중문으로 되어 있다. 하나의 열쇠만 있는 것이 아니라 복수(複數)의 열쇠가 있다. 우리는 주님이 말씀하신 그 충만한 의미를 파악하는 것을 두려워할 필요가 없다. 오히려 그 뜻을 알고자 애써야 한다. 주님의 말씀은 참으로 정교할뿐더러 충성스러운 태도로 수용할 것을 요구한다. 우리는 하나님의 말씀에 무엇을 가감해서는 안된다.

우리는 이미 천국 열쇠가 베드로에게 맡겨졌으며, 그가 먼저 오순절 날 유대인들에게 복음을 증거하였고, 이후에는 이방인 고넬료에게 복음을 전했다는 사실을 알고 있다. 이것은 두 개의 열쇠를 가지고 동일한 문을 두 번 여는 것을 의미하는 것이 아님이 분명하다. 밖에 있는 사람들에게 복음을 선포하는 일이 자동으로 누군가를 입장시키는 것도 아니다. 다만 천국의 복을 제공하는 것일 뿐이다. 그렇다면 사람들은 개인적으로 복음을 받아들여야만 한다. 이렇게 천국에 들어오는 독특한 방식이 제시되어 있다.

우리는 이미, 주님이 지식의 열쇠에 대해서 말씀하셨고, 천국은 진리의 왕국이며, 그 영역은 참된 제자 뿐만 아니라 입술로 신앙고백을 한 모든 사람들을 포함하고 있다는 것을 살펴보았다. 사람들은 제자도를 통해서 천국에 들어온다. 하지만 지식의 열쇠는 하나 밖에 없기에, 문을 여는데 다른 열쇠를 필요로 한다. 다른 열쇠는 부활 이후에 부활하신 주님께서 열한제자에게 주신 지상대명령에 있다. 주님은 제자들에게 지상대명령을 하달하시고 이제 막 천국의 보좌로 승천하실 참이었다. 하늘과 땅의 모든 권세가 다 주님께 있다. 주님은 제자들로 하여금 모든 민족을 제자로 삼으라고 명령하셨다. 그래서 주님은 이렇게 말씀하셨다.

"너희는 가서 모든 민족을 제자로 삼아 아버지와 아들과 성령의 이름으로 세례를 베풀고 내가 너희에게 분부한 모든 것을 가르쳐 지키게 하라 볼지어다 내가 세상 끝날까지 너희와 항상 함께 있으리라 하시니라."(마 28:19, 20)

"세례(침례)를 베푸는 것"과 "가르치는 것"

여기서 우리는 두 개의 열쇠를 볼 수 있다. "세례(침례)를 베푸는 것"과 "가르치는 것"이다. 이 두 가지가 합하여 제자도를 이룬다. 하나는 지식의 열쇠이다. 그리고 다른 하나는 (외형적이나마) 지상에 있는 제자들의 무리 가운데 공적으로 들어가게 해주는 것이다. 이것이 없다면, 거기엔 합당한 공동체에 대한 인식도 없고, 공동체와의 개인적인 관계도 없고, 지상에서 왕의 권위가 나타나는 현장도 없게 된다.

세례(침례)는 "그리스도와 합하는 것"(롬 6:3)이며, "주 예수의 이름으로"(행 8:16) 베풀고, "그리스도로 옷 입는 것"(갈 3:27)이다. 세례(침례)는 이스라엘 민족이 다 구름 아래에서 바다 가운데로 지나며 하나님이 정하신 지도자 모세에게 속하는 세례를 받았던 것처럼(고전 10:1,2) 주인과 주님이신 그리스도에게 속하는 것이다. "주 예수의 이름으로(unto the name of the Lord Jesus)" 받는 세례(침례)는 주 예수님의 주재권을 인정하고 그 아래에 들어가는 것을 의미한다. 따라서 제자 아나니아는 바울에게 "이제는 왜 주저하느뇨 일어나 주의 이름을 불러 세례를 받고 너의 죄를 씻으라"(행 22:16)고 말했다. 게다가 에베소서 4장 5절은 "주도 하나이요 믿음도 하나이요 세례도 하나"라고 말하고 있다.

게다가 우리를 위해서 죽으신 그리스도의 죽으심과 합하여 세례(침례)를 받는 것은, 그리스도와 함께 장사되고 또 그리스도께서 죽은 자 가운데서 살아나신 것과 같이 우리로 또한 새 생명 가운데서 행하고자 하는 목적에 부응하는 것이다(롬 6:4). 그렇다면 세례(침례)는 우리로 옛 것에서 나와 새 것(새로운 상태)으로 들어가게 해주며, 우리의 죄들이 깨끗하게 되는 변화를 가져온다. 그래서 사도 베드로는 "너희가 회개하여 각각 예수 그리스도의 이름으로 세례를 받고 죄 사함을 얻으라"(행 2:38)고 말했고, 아나니아는 "일어나 세례를 받고 너의 죄를 씻으라"(행 22:16)고 말했다.

주님은 이 일이 있기 전에 "너희가 뉘 죄든지 사하면 사하여질 것이요"(요 20:23)라고 말씀하셨다. 이 말씀은 복음 전파에 직접적으로 적용될 수는 없다. 우리는 복음을 전하면서 누군가의 죄를 사하는 일을 할 수 없다. 하지만 우리는 더욱 복된 일을 한다. 우리는 하나님 편에 서서 하나님이 죄를 사하시는 일을 하신다는 기쁜 소식을 선포한다. "이 사람을 힘입어 죄 사함을 너희에게 전하는 이것이며 또 모세의 율법으로 너희가 의롭다 하심을 얻지 못하던 모든 일에도 이 사람을 힘입어 믿는 자마다 의롭다 하심을 얻는 이것이라."(행 13:38,39) 복음은 모든 사람을 향한 죄 사함의 선포이긴 하지만, 어느 특정한 사람에게 죄 사함을 베푸는 것은 아니다. 그렇다면 한 영혼이 은혜를 깨닫고 복음을 믿을 때, 그는 즉시 죄 사함을 받게 된다. 비록 복음을 전한 것은 내가 한 것이지만, 그가 죄 사함을 받은 것은 나에게서 받은 것이 아니다. 죄 사하는 일을 한 것은 내가 아니다. 게다가 나를 대리인으로 사용해서 된 일도 아니고, 다만 하나님과 영혼이 인격적으로 만남으로써 된 일이다. 이 사실은 매우 중요하며, 강조될 필요가 있다. 사실 로마 가톨릭교회는 거짓된 종교시스템을 교회 안에 가져다가 어둠의 장벽을 세움으로써 영혼들로 하여금 하나님을 직접 대면하지 못하도록 했다.

로마 가톨릭의 죄 사하는 방식에는 제자도가 설 자리가 없다. 로마 가톨릭 교회에서는 제자도가 더 이상 하나님의 은총을 받는 통로가 아니다. 하나님은 자기의 영광을 다른 이에게 주신 일이 없다. 오직 하나님 외에 죄를 사할 수 있는 사람은 없다. 하늘과 천국 사이에는 차이가 있다는 점을 분명히 해야 한다. 이 둘을 혼동해서는 안된다. 이 땅에 세워진 천국은 다만 하늘의 그림자일 뿐이다(the kingdom of heaven is but the shadow of heaven upon earth). 천국은 무엇이 하늘에 속한 일인지를 증거하며, 하늘의 권위와 하늘에서 이루어진 일이 나타나는 영역이긴 하지만 그럼에도 다만 그림자에 불과하다. 각각의 제자리를 정확하게 이해하는 것이 매우 중요하다. 제자리를 잡고 유지할 때만이 참 의미를 가진다. 그림자를 실체로 착각하는 것은 엄청난 혼돈을 초래하기 때문이다.

세례 요한은 "나는 물로 세례를 주거니와"(요 1:26)라고 말했다. 그 말은 그리스도도 아닌 자가, 세례를 주는 것은 그리스도의 직분을 침해하는 것이 아니냐고 묻는 사람들을 향한 세례 요한의 대답이었다. 그런 일은 물을 가지고는 할 수 없는 일이었다. 예수님은 친히 "물로" 세례를 주신 일이 없다. 물은 영혼의 더러움을 씻을 수 없다. 영적인 변화는 물로 가능하지 않다. 하나님의 능력조차도 물을 가지고 그처럼 경이로운 일을 일으키지 않는다. 창조주 하나님은 자신이 창조한 영역 안에서 그에 합당하게 역사하신다. 이는 그렇게 창조하셨기 때문이다. 창조주와 구속주는 찬송 받으실 한 분 하나님이시다. 큰 성 바벨론의 비밀은 그리스도인의 비밀과 같지 않고, 다만 마술에 불과하다. 진리를 왜곡하는 것은 그들이 하늘에서 나지 않고 땅에서 난 자들인 것을 그대로 드러내는 것이다.

물세례 - 모형과 증거

세례를 죄 사함과 연결해서 말하고, 또 주님이 "너희가 뉘 죄든지 사하면 사하여질 것이요"(요 20:23)라고 말씀하셨을 때, 그것은 분명 주님이 물세례가 영혼을 정결하게 하는 능력이 있다는 뜻으로 말씀하신 것이 아니다. 그렇다면 여기서 말하는 죄 사함은 무엇일까? 이것을 바로 이해하려면, 그것이 천국에 들어가는 수단이라는 것을 알아야 한다. 즉 세례(침례)를 받은 사람은 세상에서 나와서 그리스도의 제자와 천국의 왕이신 그리스도의 백성의 무리 속으로 들어가는 것이다. 그렇다면 개념적으로 선을 넘어가는 것이 구원이며, 이것은 베드로가 말한 대로 "세례(침례)는 이제 우리를 구원하는 모형"(벧전 3:21, 다비역)인 것이다. 이처럼 영적으로 선을 넘어가는 것이 참된 구원이며, 이렇게 이해하게 될 때, 전체적인 모형이 증거하는 중대한 진리를 볼 수 있다. 세상과 인연을 맺는 것은 그리스도를 거절하는 것이다. 그리스도에게 복종하는 것은 세상과의 인연을 끊는 것이다. "누구든지 주의 이름을 부르는 자는 구원을 얻으리라."(행 2:21) 하지만 구원의 역사는 전적으로 그리스도에게 달려 있다. 사람이 스스로에게 세례(침례)를 베푸는 것이 아니라, 사실은 세례(침례)를 받는 것이다. 이것은 자신을 죽음에 합당한 자로, 유죄로 인정하고 고백하는 것이다. 그렇다면 죽고 장사지내야 한다. 게다가 그리스도 예수와 합하고 또 그리스도의 죽음에 합하는 것이다. 그렇다면 이제 생명의 능력이 있다. 이 능력은 세례(침례)에 있지 않고, 우리가 합하여 세례(침례) 받은 그리스도 안에 있다. "그러므로 우리가 그의 죽으심과 합하여 세례를 받음으로 그와 함께 장사되었나니 이는 아버지의 영광으로 말미암아 그리스도를 죽은 자 가운데서 살리심과 같이 우리로 또한 새 생명 가운데서 행하게 하려 함이니라."(롬 6:4)

세례(침례)는 그 단순성 때문에 복음을 실제적으로 증거해주는 아름다움이 깃들어 있다. 세례(침례)를 받는 일에는 무언가를 이해하려고 애쓸 필요가 없다. 세례(침례)가 가진 의미에는 복잡성이 없다. 사람의 유죄상태와 무력감, 그리고 그리스도의 구속 사역의 필요성이 세례(침례)에 한데 어우러져 있다. 세례(침례) 받은 자에게 구원이 주는 자유함과 확실성이 온전히 선포되고,

하나님이 제공하시는 구원의 복이 주어진다.

그대는 그리스도를 그대의 주님으로 영접할 것인가? 그대는 기꺼이 그리스도의 백성과 제자가 될 것인가? 그렇다면 그대를 위해 그리스도께서 이루신 그리스도의 사역으로 말미암아 그대를 위한 죄 사함이 있고, 그대를 위한 구원이 여기 있노라. 이제 구원 받은 자로서 그리스도의 제자들 중에서 그대의 자리를 취하라!

만일 그리스도께서 그대를 받으셨다면 이것은 틀림없는 사실이다. 그리스도는 누구도 쫓아내지 않으신다. 그대는 영접되었기 때문에 세례(침례)받는 자리에 나아온 것이다. "너희가 회개하여 각각 예수 그리스도의 이름으로 세례를 받고 죄 사함을 얻으라 그리하면 성령을 선물로 받[을]"(행 2:38) 것이다.

세례(침례)를 받으라는 명령은 물에 빠진 사람의 손을 붙잡아 주라고 말하는 것처럼 단순하고 선명하고 직설적이다. 여기엔 무엇을 더할 것도 없고, 의심의 여지없이 명확하다. 따라서 세례(침례)는 그리스도의 구원을 가시적으로 표현하는 수단이 될 수 있다.

당신은 구원을 받았는가? '예 아니면 아니요.' 가 질문에 대한 대답이다. 나머지는 자신을 고문하는 일이 될 것이다.

그럼에도 세례(침례)는 구원 자체가 아니라 구원의 증거 또는 그림자일 뿐이다. 세례(침례)받는 사람이 모두 구원받은 것은 아니다. 이 사실은 복음 메시지의 불확실성에 때문에 발생하는 것이 아니라 제자의 영혼 속에 구원의 실제가 있는가에 대한 불확실성에 때문에 발생한다. 얼마나 많은 사람들이 이러한 불확실성을 끌어안고 사는지 모른다. 이 사실이 천국의 비유 속에 잘 설명되어 있다. 천국의 비밀은 이 사실을 밝히기 위한 것이다. 예를 들면, 열 처녀 모두 신랑을 맞으러 나갔다. 하지만 다섯 처녀는 지혜가 있었고, 다섯 처녀는 어리석었다. 결혼식은 손님을 맞이할 모든 준비가 끝났지만, 그들 가운데 어떤 사람은 결혼예복을 입지 않고 왔다. 마태복음 18장 끝부분에 보면, 다시 죄 사함의 문제가 등장하고 있다. 우리는 남을 용서하는 마음이 없는 무정한 종 이야기를 통해서 천국에서의 죄 사함은 완전하면서도 절대적인 죄 사함이 아니라 성격상 조건적인 죄 사함인 것을 배우게 된다. 만일 신앙을 고백한 제자가 마음 중심으로 용서하지 아니하면, 그렇다면 자신이 용서를 받았기에 남도 용서할 것이란 가정 하에 주어진 죄 사함은 최종적으로 철회될 것이다. 천국의 축복은 모든 것이 조건적이며 철회될 수 있는 성격을 가지고 있다.

따라서 세례(침례)는 죄로 인해 정죄 아래 있던 그 죄의 세상에서 나와 그리스도의 왕국에 들어가는 방법이다. 그리스도에게 죄 용서를 받은 사람들의 무리 속으로 영접되는 것이다. 하지만 사람에 의해서 집행되는 것이기에, 그 복과 특권은 반드시 믿음에 의해서만 받게 되며, 그렇지 않으면 받을 수 없다. 이 사실은 천국에 들어가는 방법으로서 세례(침례)의 목적과 주님이 회심의 필요성에 대해서 말씀하신 것과 조화를 이룬다.

"**진실로 너희에게 이르노니 너희가 돌이켜 어린아이들과 같이 되지 아니하면 결단코 천국에 들어가지 못하리라.**"(마 18:3)

이것은 주님이 친히 말씀하신 대상(제자들)에게 필수적인 요건이었다. 제자도가 진정 진실한 것이라면, 제자도는 회심을 전제로 하는 것이어야 한다. 천국에 들어가는 길은 단순히 외적인 방법을 따르는 것으로 되는 것이 아니라 영적인 방법으로 되는 것이며, 또한 천국의 주님의 실제적인 백성과 제자가 됨으로써 가능한 것이다.

그렇다고 해서 사람들이 회심하지 않으면 천국에 들어갈 수 없다는 의미가 아니다. 주님이 천국에 대해 말씀하신 비유들은 그 반대의 상황을 보여준다. 즉 천국에는 알곡 뿐만 아니라 가라지도 있다. 지혜로운 처녀 뿐만 아니라 어리석은 처녀도 있다.

이 세대의 끝에 가서, 인자께서는 천사들을 보내심으로 그분의 나라에서 모든 범죄하는 자들과 또 불법을 행하는 자들을 거두어 내실 것이다. 그렇게 천국은 정화될 것이며, 그들은 천국에서 따로 거두어질 것이다.[2]

이제 우리는 천국의 범위에 대해서 자세히 살펴보면서 사람들이 흔히 오해하는 교회와 천국의 관계에 대해서도 확인해보자.

---

[2] 우리 주님이 니고데모에게 하신 말씀은 실제적으로 다른 측면의 말씀이다. 앞서 언급한 내용들은 주님이 요한복음 3장에서 말씀하신 하나님의 나라에 토대를 두고 있지 않다. 하나님 나라는 다소 다른 측면을 보여준다. 이것이 사실이긴 해도, 완전히 다른 것은 아니다. 마태복음에서 천국의 비유들은 다른 복음서에 보면 하나님 나라의 비유들로 다시 나타나고 있으며, 그 가운데에는 누룩과 겨자씨 비유가 있다. 요한복음의 말씀을 다른 것으로 만들게 해주는 것은 주님이 말일에 이스라엘이 민족적으로 회심하게 될 에스겔의 예언(겔 36:24-26)을 직접 인용하심으로써 유대인 교사였던 니고데모에게 하나님 나라의 일을 말씀하셨다는 것이다. 사실, 이것은 죄인들이 심판을 통해서 그들 가운데서 불로 살라진 후 그들이 하나님 나라에 들어가게 될 것을 설명하는 것이다. 따라서 이사야는 그 때에 대해 이렇게 말하고 있다. "시온에 남아 있는 자, 예루살렘에 머물러 있는 자 곧 예루살렘에 있어 생존한 자 중 녹명된 모든 사람은 거룩하다 칭함을 얻으리니 이는 주께서 그 심판하는 영과 소멸하는 영으로 시온의 딸들의 더러움을 씻으시며 예루살렘의 피를 그 중에서 청결케 하실 때가 됨이라."(사 4:3,4)

주님의 말씀은 이스라엘 보다 더 큰 그림을 그리고 있다는 것을 나는 조금도 의심하지 않는다. 그렇다면 여기서 주님이 말씀하고 계시는 하나님의 나라는, 천국에서 모든 넘어지게 하는 것과 불법을 행하는 사람들이 제거된 후 천국의 미래 상태를 언급하는 것이다. 이스라엘의 선생인 니고데모는 선지자들이 말한 이러한 하나님 나라의 복들을 누리려면 거듭남을 통한 변화의 절대적인 필요성을 알고 있어야 마땅했다.

제 4장 천국의 범위

    천국은 그리스도에 대한 신앙을 입술로 고백하는 전체 기독교계(the whole profession of Christianity)를 아우르고 있다. 천국의 비유들은 이 사실을 토대로 전개되어 있다. 그럼에도 천국은 기독교의 형태를 띠고 있는 것보다 훨씬 범위가 넓다는 것을 알아야 한다. 그렇다면 제자도의 범위를 훨씬 넘어서는 것이다. 천국은 어떤 면에서, 세례(침례) 받은 사람들의 총체와 같다고 할 수 있다.

여기서 잠시 생각해볼 것이 있다. 이제 말하고자 하는 내용은 많은 사랑하는 형제들이 확신하는 내용과 다를 수 있다. 어쩌면 이러한 것들을 경히 여길 수도 있다. 하지만 사람들이 널리 받아들이고 있는 세례(침례)에 대한 견해는 그리스도께 불명예를 드리고, 사람들의 영혼을 해롭게 하고 있기 때문에, 그들의 감정이 상하더라도 나는 조금도 동정하고 싶은 생각이 없다. 큰 성 바벨론은 벽돌과 모르타르 회반죽을 함께 사용해서 건설되었는데, 이것은 하나님의 창조를 인간의 건축을 통해서 대치하려는 도발이었다. 마찬가지로 '하나님의 택하신 자들을 위한 성례로서의 세례'의 개념은 "한 성령으로 세례를 받아 한 몸이"(고전 12:13) 되게 하는 신성한 역사의 대치품인 것이다. 이렇게 바벨론의 건축자들의 손에 의해서 세례는 천하게 쓰는 그릇들로 가득한 "큰 집"을 건축하는 도구로 변질되었기에, "귀히 쓰는 그릇이 되어 거룩하고 주인의 쓰심에 합당하[고자]" 하는 사람은 자신을 깨끗하게 하도록 부르심을 받았다(딤후 2:20,21).

물세례는 성령의 세례가 아니다

그간 물세례는 성령의 세례와 혼동되어 왔다. 유아세례를 받은 사람들이 중생했고 또 생명에 참여한 사람으로 인정받아 왔다. 하지만 그들은 하나님을 위해서 아무런 열매를 맺지 못했고, 또 그렇게 믿는 사람들은 기만을 당해왔다. 따라서 그들은 그렇게 세례를 받은 모든 사람이 하늘에 적합한 사람이 되었다고 말할 수 없었고, 그래서 그렇게 인위적으로 생산한 하나님의 자녀들의 대부분을 지옥에 보내야 했다. 나머지 사람들은 연옥으로 보내어 그곳에서 불로써 정결함을 입도록 만들었다. 그럼에도 그들은 세례에 의한 중생설이 없었다면, 갓난아기들을 하늘에 보낼 수 있는 방법이 없었다고 주장한다.

여기서 근본적인 오류는 두 가지이다. 첫째, 자연적 영역과 영적 영역을 혼동하고 있다. 물은 영혼을 정결하게 할 수 없을 뿐만 아니라, 영적인 생명을 주지도 못한다. 물은 "내적이고 영적인 은혜의 외적인 또는 가시적인 표지"는 될 수 있어도, "내적이고 영적인 은혜를 받는 수단"은 될 수 없다. 둘째, 하늘과 천국을 혼동하고 있으며, 마찬가지로 천국과 교회를 혼동하고 있다. 천국과 교회를 혼동하는 일에는, 프로테스탄트 교회조차도 일반적으로 로마 가톨릭 교회의 수준을 벗어나지 못하고 있다. 천국은 교회도 아니고 그렇다고 세상도 아니다. 천국과 교회 사이의 구분은 각자가 속한 특권과 복이 따로 있기에 중요하다. 천국은 세상의 특징을 가지고 있지는 않지만, 세상의 원리가 그 속에 누룩처럼 스며들어 있다. 이러한 내용은 성경에 미리 예고되어 있을 뿐만 아니라 교회의 역사가 입증하고 있다.

인간은 자신의 불신앙 때문에 우선적인 작용이 없으면 하나님의 신실하심을 받아들일 수 없다. 화평과 화목의 메시지를 동반하고 있는 천국은 모든 사람을 향한 사랑의 증거를 품고서, 사람의 의지가 하나님을 대적하는 것이 누그러진 곳에서 하나님을 전파함으로써 영혼을 수확한다. 그리곤 교리문답을 실시한다. 하지만 우리는 성경에서 교리문답 준비 때문에 세례(침례)를 주는 일을 지체하는 것을 볼 수 없다. 어찌된 일인지 교리문답이 교회에 영접하는 절차요 또한 충만한 그리스도인의 상태에 대한 상징으로 도입되었다. 신약성경에 보면 교리문답은 제자도의 영역으로서 내부인을 위한 것이지 외부인을 위한 것이 아니다. 신앙열정이 사그라지도록 지체하기 보다는, 세례 대상자들을 의심하지 말고 도리어 열렬하면서도 뜨거운 환영을 받게 해야 한다. 오순절에 삼천여명이 세례(침례)를 받았다. 그들은 과연 얼마나 많은 세례를 위한 예비교육을 받았을까? 게다가 사마리아에서는, 하나님 앞에서 그 마음이 바르지 못한 시몬 마구스 조차도 세례(침례)를 받았다. 그를 영접한 일은 그를 향하여 자비와 긍휼의 손길을 뻗은 사람들을 오염시키지 못했다. 그럼에도 그는, 결과적으로 영원한 멸망으로 곤두박질치는 길을 택하여 그 길로 갔다. 성경을 보면, 사실 세례(침례)는 오늘날 많은 사람들이 그리하는 것과는 달리 사람들을 가로막는 담이 아니었다. 세례(침례)는 일종의 문이었다. 부주의해서는 안되지만, 그럼에도 누구라도 원하는 사람은 기꺼이 그리고 즐거운 마음으로 열고 들어갈 수 있는 문이었다. 그리스도의 마음에 문제가 되지 않는 사람이 세례(침례) 받고자 할 때 거절할 이유가 없기 때문이다.

하지만 세례(침례)는 하나님의 교회와 직접 연관이 없다는 점에 주목해야 한다. 사도행전 2장 47절에 교회라는 단어를 넣은 것은 필사자의 실수였다(KJV 참조). 교회에 관한 진리들은 나중에 바울에게 계시되었고, 그는 만찬 제정에 대하여 "내가 너희에게 전한 것은 주께 받은 것이니"(고전 11:23)라고 말했지만, 세례(침례)에 대해서는 받은 것이 없다(고전 1:17)고 말했다. 만찬에서는 그리스도의 몸의 지체로서 영접과 교제의 문제가 포함되어 있고, 세례(침례)에서는 그 책임이 개인에게 있다.

어린 아이들의 세례

어린 아이들의 세례는 천국의 범위를 보다 넓게 만든다. 우리는 이제 어린 아이들을 용납하고 주님께 오는 것을 허용하도록 천명하신 우리 주님의 말씀에 대해서 살펴보자. 주님은 "어린 아이들을 용납하고 내게 오는 것을 금하지 말라 천국이 이런 사람의 것이니라."(마 19:14)고 말씀하셨다. 이 말씀은 천국의 특징이 무엇인지를 선명하게 보게 해준다. 이처럼 어린 아이들 속에는 저항하는 의지가 없고, 하나님의 사랑이 그 자체로 어린 아이들에게 빛을 내면서 스며든다. 일단 천국이 하늘이 아니라 지상에서 제자도의 영역을 가리키고 있는 것이 분명해지면, 당신은 어린 아이들을 주일학교에 데리고 오는 것만큼이나 그들에게 세례(침례)를 주는 것에 대해서도 어려움을 겪지 않을 것이다. 주님이 말씀하신대로 어린 아이들도 항상 그리스도의 학교에 속해 있으며, 주님이 지상에 계신 동안 하셨던 것처럼 그들을 만나주시고, 주님의 손을 내밀어 그들에게 안수하시며 복을 주신다. 구속주의 커다란 팔은, 그들이 그리스도를 주님으로 선택하는 그 마지막 순간에 이르기까지 그저 늘어뜨리고만 있지 않을뿐더러, 그들의 연약한 인식에도 지속적인 영향을 미치며, 최종적인 그들 자신의 선택이 어떠하든지 주의 뜻 가운데서 그들을 주님의 것으로 표식을 두신다. 이러한 주님의 생각은 얼마나 지혜로운 것인가! 주님은 우리에게 이 일을 계속해 나가도록 말씀하신다. 그래서 주님은 어린 자녀들을 "오직 주의 교훈과 훈계로 양육하라"(엡 6:4)고 말씀하셨다.

어린 아이들도 그리스도의 제자들이다. 그들도 그리스도의 학교에서 배우며, 그리스도를 위해서 양육을 받아야 한다. 그렇다면 누가 그들을 거절할 수 있단 말인가? 그러한 생각은 혹 미신 때문이거나, 천국과 교회를 구분하지 못하기 때문이 아닐까? 오늘날 참으로 많은 사람들이 유아세례를 로마 가톨릭의 가공물로 거절하고 있지만, 로마 가톨릭 교회는 세례가 의미하는 바로 그것을 어린 아이들에게 기쁘게 행하며 또 그것을 오로지 가톨릭적인 것으로만 만들고 있는 것은 아닌지 생각해보아야 하지 않을까?

　세례(침례)는 그들을 하늘에 속할 수 있는 자격을 주는 것이 아니라, 그들이 다만 지상에 있는 그리스도의 학교에 속한 자라는 표식을 해두는 것임을 기억하자. 게다가 세례는 죽음 속으로 들어가는 것이지 생명을 얻는 것이 아니다. 죽은 자를 장사지내는 것이며, 세례(침례)를 통해서 그리스도와 합하고, 그의 죽으심에 합하는 것이다. 그렇다면 침례를 받은 사람들은 단지 물에서 나오는 것이 아니라, 그리스도의 사역의 은혜를 입어서 그리스도에게서 나오는 것이다. 과연 이러한 것이 로마 가톨릭의 미신 속에도 있는지 찾아보라. 세례(침례)는 참으로 감미롭고 사람들을 보듬는 것이었다. "어린 아이들을 용납하고 내게 오는 것을 금하지 말라 천국이 이런 사람의 것이니라."(마 19:14)고 주님이 말씀하신 것을 보면 세례(침례)는 공개적이고 분명한 행동이었다. 이 말씀은, 사랑하는 형제들이여, 우리의 마음을 사로잡을 만큼 매력적일 뿐만 아니라, 우리의 순종을 요구하고 있다.

　천국이 가지고 있는 이러한 성격은 아름다운 것이며, 천국의 보좌에 앉아 계신 왕의 성품을 우리에게 보여준다. 주님은 주님께 나아오는 사람은 어느 누구도 결코 내쫓지 아니하시며 모두를 받아주실 뿐만 아니라 마침내 그 보금자리를 박차고 떠나는 사람일지라도 기꺼이 받아주시는 은혜의 주님이시다. 그렇다.

그러한 것이 예수님의 사랑이다. 세대 간의 차이는 인정하지만, 불확실하나마 구약시대와 신약시대에는 유사점이 있다고 본다. 율법 시대에 자기 백성의 어린 아기들에게 할례의 표를 두신 주님이 지금 은혜의 시대에는 기독교에 합당한 아무런 표식도 없이 그냥 내버려 두신다는 것은 있을 수 없기 때문이다. 나는 주님이 그렇게 하지 않으셨다고 확신한다. 왜냐하면 천국에 존재하는 혼돈과 악은 은혜에 속한 것에 아무 영향을 끼칠 수 없으며, 주님의 나라의 특징을 감소시킬 수도 없기 때문이다. 그럼에도 주님의 인내의 한계가 다다랐을 때, 사랑은 여전히 역사할 것이지만, 목자의 막대기는 철장으로 대치될 것이다.

이제 천국과 교회의 차이점에 대해서 살펴보자.

제 5장 천국과 교회의 차이

    오늘날 대부분의 그리스도인들은 천국과 교회를 하나로 생각하는 경향이 있다. 교회는 실제적으로 신앙 고백자들의 총체적인 몸이다. 그렇다면 천국은 무엇인가? 사람들은 이러한 차이점을 관점의 차이로 본다. 즉 동일한 것이지만 보는 관점에 따라 달리 보일 수 있다는 개념을 가지고 있다. 그렇다면 우리는 이러한 차이점이 얼마나 큰 차이를 낼 수 있는지를 생각해보아야 한다. 즉 개념적인 차이만 있는 것인지 아니면 실제적인 차이가 있는 것인지를 살펴보아야 한다.

우리가 살펴본 대로 천국은 제자도의 영역이다. 교회는, 근본적으로, 그리스도의 몸이다. 따라서 교회는 그리스도의 지체가 된 사람들의 연합체이다. 성령의 역사에 의해서 우리는 한 몸이 되었다. 이것을 "성령 세례"라고 부른다. "다 한 성령으로 세례를 받아 한 몸이 되었고"(고전 12:13) 성경은 그리스도의 몸 안에 들어오는 것을 가리켜 "세례"라는 단어를 사용했으며, 천국과 교회 사이의 차이점을 부각시켰다. 따라서 하나의 (물)세례는 외적인 의식이었고, 다른 (성령)세례는 내적이고 영적인 것이었다. 이 두 가지 영역을 하나처럼 생각하는 오류 때문에 이 두 가지 세례를 같은 것으로 보는 오류를 낳았다. 하지만 하나는 사람의 손에 의해서 되는 것이라면, 다른 하나는 오로지 하나님의 능력으로 되는 것이다.

교회는 그리스도의 몸일 뿐만 아니라, 하나님의 집이기도 하다. 주님은 우선적으로 복음서에서 집이라는 그림언어를 사용해서 교회에 대해서 말씀하셨다. "내가 이 반석 위에 내 교회를 세우리니"(마 16:18) 그리고 베드로는 이 주님의 말씀을 인용하고 또 조금 더 확장해서 이러한 건축과 그 기초석에 대해서 선명하게 말했다. "보배로운 산 돌이신 예수께 나아가 너희도 산 돌 같이 신령한 집으로 세워지고"(벧전 2:4,5) 반면에 바울에게는 그리스도의 몸으로서 교회에 대한 진리가 맡겨졌다. 그래서 바울은 명백하게 성령님이 내주하시는 곳을 교회로, 그리고 교회를 하나님의 집과 성전으로 불렀다(히 3:6, 고전 3:19). 그렇다면 교회는 천국 안에 있다. 천국은 교회 보다 더 넓고 외적인 것이며, 교회와 천국은 마치 성전과 바깥뜰의 관계와 같다. 전자에서는, 제사장 가문에 속한 사람들만 가까이 다가가서 예배를 드릴 수 있었다. 후자에서는, 이스라엘 평민들이 들어갈 수 있었다. 이를테면, 베드로는 집과 제사장을 동일시했다. 그래서 교회를 "신령한 집"으로, "왕 같은 제사장들이요 거룩한 나라"로 표현했다.

하나님의 계획에 있어서 집과 몸은, 초기에는 잠시 동안 정확하게 동일한 것이었다. 집은 산 돌들로 이루어졌고, 몸은 살아있는 지체들로 구성되었다. 하지만 예고된 대로, 사람들이 나쁜 건축 재료들을 사용하기 시작했다. 그들은 집을 크게 짓는 일에 집착했다. 그래서 그들은 "나무나 풀이나 짚으로" 집을 지었다(고전 3:12-17). 따라서 집은 큰 집이 되었고, 그 집에는 "금 그릇과 은 그릇뿐 아니라 나무 그릇과 질그릇도 있어 귀하게 쓰는 것도 있고 천하게 쓰는 것도 있[게]"(딤후 2:20) 되었다. 주님이 오시면 하나님의 집에서 이 모든 부정한 것들이 정결하게 될 것이다.

여기서는 하나님의 집에서 일어나는 무질서한 일들과 부정한 일들에 대해서 다루지는 않겠지만, 하나님의 집에 대한 신성한 건축자의 참된 설계가 무엇이었는지를 보려면 처음 시작으로 돌아가 보아야 한다. 단순해질수록 우리는 더욱 나은 설계를 얻을 수 있다.

천국에서 우리는 개인적인 책임, 조건적인 복, 자신의 동료에게 제자도를 가르치고 훈련하는 특권의 자리 등을 볼 수 있다. 교회에서 우리는 절대적인 은혜의 자리, 서로 사랑으로 엮여진 관계, 그리고 교제(사귐) 등을 볼 수 있다. 이것은 천국과는 전혀 다른 기관에 속한 일이었다. 바울은 교회의 특별한 사도였다. 바울은 세례(침례)를 베풀도록 보내심을 받은 것이 아니라(고전 1:17), 교회의 진리를 완성하도록 보내심을 받았다(골 1:25). 그는 주님에게서 특별한 계시를 받아서 기념 예식을 제정했는데, 이것은 상징적으로 "주의 살을 먹고 주의 피를 마시는 것"일 뿐만 아니라 가시적으로 "많은 우리가 한 몸이니 이는 우리가 다 한 떡에 참여"하는 것이었다(고전 11:24, 10:17).

세례(침례)와 천국이 조건적인 복과 개인적인 책임을 말하고 있다면, 떡을 떼는 것과 교회는 은혜를 만끽하고, 그 안에서 사귐을 갖고 서로에 대한 사랑과 주님에 대한 사랑을 나누는 관계를 말하고 있다. 천국이 성소의 바깥의 뜰에 해당된다면, 교회는 하나님의 집, 성소 자체에 해당된다. 천국이 모든 사람을 향한 하나님의 열망이 펼쳐지는 곳이라면, 교회는 그리스도의 변함없는 사랑이 펼쳐지는 곳이다.

바울은 어째서 특별한 의미에서 "교회의 일꾼"(골 1:25)으로 불린 것일까? 게다가 바울은 특별히 "복음의 일꾼"(골 1:23)으로 불렸으며, "세례(침례)를 베푸는" 사명과는 다소 반대적인 입장에서 "복음을 전하는"(고전 1:17) 사명을 받았다. 그래서 바울은 자신이 받은 복음을 교회의 비밀과 연결해서 "나의 복음"(롬 16:25)으로 소개했다. 다른 사도들도 소개하긴 했지만, 이신칭의와 그리스도 안에 있는 신자의 신분에 대한 진리를 선명하게 소개하는 사도는, 사실상 바울뿐이었다. 다른 영감 받은 성경기자들은 대개 죄 사함의 진리를 소개하는데서 그쳤다. 이렇게 말한다고 해서 다른 사도들의 글에 죄 사함 이상의 진리가 없다는 뜻은 아니다.

천국에서 열두 사도들은 열두 보좌에 앉아 이스라엘 열두 지파를 심판하게 될 것이다(마 19:28). 여기서 우리는 바울을 위한 열세 번째 보좌를 상상해서는 안된다. 우리가 살펴본 대로, 세례를 주라는 명령은 열두 사도들에게 주어진 것이었다(마 28:19). 그렇긴 해도 바울도 세례(침례)를 가르쳤고 시행했을 뿐만 아니라 지금까지 우리도 행하고 있다.

하지만 무엇보다 바울의 사명은 하나님의 말씀을 완성하는 것이었다(골 1:25). 완성된 진리가 바울을 통해서 주어졌다. 게다가 바울은 하나님의 나라를 전파했다(행 20:25). 우리는 바울의 서신에서 진리의 모든 노선을 볼 수 있다. 바울은 자신의 인격, 성품, 기질, 글을 쓰는 능력과 자질 등을 총동원해서 자신의 서신서에 하나님의 완전한 은혜의 표현을 담을 수 있었다. 어떤 의미에선, 천국의 핵심적인 진리를 더욱 독특한 방식으로 제시한 것이었다. 왜냐하면 바울은 참된 신자의 완전한 신분과 위치의 진리를 천국 복음과 함께 제시할 수 있는 능력이 있었기 때문이다.

따라서 우리는 바울의 서신서에서 만큼은, 우리에겐 너무도 익숙한 열매 맺지 못하는 신앙에 대해서 경고하는 것을 찾아볼 수 없다. "죄가 너희를 주장하지 못하리니 이는 너희가 법 아래에 있지 아니하고 은혜 아래에 있음이라"(롬 6:14)고 말할 수 있었던 바울은 더욱 강하게 "너희 자신을 종으로 내주어 누구에게 순종하든지 그 순종함을 받는 자의 종이 되는 줄을 너희가 알지 못하느냐 혹은 죄의 종으로 사망에 이르고 혹은 순종의 종으로 의에 이르느니라"(롬 6:16)고 말할 수 있었다. 하나님이 우리에게 주신 영적 자유와 우리에게 허락하신 능력은, 그것을 가지고 죄를 섬기는 일을 참으로 형언할 수 없을 정도로 엄숙한 일로 만든다. 사람은 분명 악을 선택할 자유가 있고, 그래서 인간의 자유의지는 하나님의 은혜를 종종 거절하곤 하기 때문이다.

따라서 로마서 7장의 경험 가운데 있는 사람은 "내가 원하는 바 선은 행하지 아니하고 도리어 원하지 아니하는바 악을 행하는도다"(롬 7:19)라고 외치지만, 그리스도인들에 대해서 성경은 "무릇 하나님의 영으로 인도함을 받는 사람은 곧 하나님의 아들이라"(롬 8:14)고 말하고 있다. 자신에게 베푸신 은혜를 인식하고 또 변할 수 없는 자신의 신분을 확신하게 된 참된 그리스도인은 제자도의 모든 조건에 기쁜 마음으로 순복하는 사람이다. 이러한 사람은 바울이 고린도전서 9장 26-27절에서 "그러므로 나는 달음질하기를 향방 없는 것 같이 아니하고 싸우기를 허공을 치는 것 같이 아니하며 내가 내 몸을 쳐 복종하게 함은 내가 남에게 전파한 후에 자신이 도리어 버림을 당할까 두려워함이로다"라고 말한 대로 행하는 사람이다. 하지만 이 구절은 종종 잘못 해석되곤 했다. 여기서 바울은 천국의 법도(the rules of the kingdom) 아래 있는 제자로서 말하고 있으며, 자신도 한 사람의 제자로서 다른 제자들에게 말하고 있는 것이다. 바울은 주의 (바깥)뜰만 밟는 것과 제사장으로서 성소에 들어가는 것의 차이점을 알고 있었다. 그래서 "누가 능히 하나님께서 택하신 자들을 고발하리요 의롭다 하신 이는 하나님이시니 누가 정죄하리요 죽으실 뿐 아니라 다시 살아나신 이는 그리스도 예수시니 그는 하나님 우편에 계신 자요 우리를 위하여 간구하시는 자시니라 누가 우리를 그리스도의 사랑에서 끊으리요?"(롬 8:3-35)고 말했다.

여기서 다시 한 번 천국과 교회의 차이를 유지시키는 것이 말씀을 바로 이해하는 열쇠를 제공해준다는 것을 명심해야 한다. 이 구절은 하나님의 자녀에 관한 내용이며, 칭의와 그리스도 안에 있는 신분과 그리스도의 몸 안에서 지체됨, 그리고 하나님의 은혜가 영혼 속에 일으킨 것이 무엇을 의미하는 것인지에 대한 것이다. 이 모든 조건들은 하나님의 자녀인 제자들에게 적용될 뿐만 아니라 성전의 뜰에 해당하는 천국에 있는 모든 제자들에게도 적용된다. 교회는 하나님의 성전 자체이며, 하나님과 자녀 관계를 형성하고, 또 그 관계의 친밀함을 누리는 곳이다.

에베소서 4장에 나타난 세 가지 영역

이 장을 마치기 전에, 사도 바울이 에베소서 4장에서 서로 다른 영역들을 설정해둔 것에 대해서 설명하고자 한다. 바울은 일곱 개의 실체를 한 곳으로 통합시킨 후, 가장 중심에 신령한 복을 두고 세 개의 원을 그려 세 개의 영역으로 구분함으로써 내부에서부터 외부를 향해 복이 퍼져나가는 모습을 그리고 있다. 가장 중심 원은 교회이다. "몸이 하나이요 성령도 한 분이시니 이와 같이 너희가 부르심의 한 소망 안에서 부르심을 받았느니라."(4절) 그 다음 원은 천국이다. "주도 한 분이시요 믿음도 하나이요 세례도 하나이요."(5절) 그리고 가장 바깥 원은 세상이다. 여기서 세상은 악으로 가득한 세상이 아니라, 하나님의 창조물로서의 세상이다. "하나님도 한 분이시니 곧 만유의 아버지시라 만유 위에 계시고 만유를 통일하시고 만유 가운데 계시도다."(6절) 이것이 성경의 구분하는 방식이다. 이렇게 구분하게 될 때, 우리는 천국에 대한 이해를 선명하게 될 것이다.

제 6장 마태복음 13장의 천국 비유

씨를 뿌리는 것과 그 결과

　우리는 지금까지 천국이 무엇인가에 대해서 살펴보았고, 또 주님이 비유를 통해서 우리에게 알리고자 하신 가르침을 해석하는 일반적인 원리들에 대해서 배울 수 있었다. 마태복음 13장에는 우선적으로 살펴보아야 할 일곱 개의 비유들이 있다. 우리는 이 비유들을 통해서, 주님이 씨를 뿌림으로써 시작되어 장차 하늘에서 오시는 주님의 재림을 통해서 마감되는 천국의 비밀스러운 형태의 진행과정에 대한 예언적인 역사를 볼 수 있다. 비유들을 연구해보면, 천국의 비밀스러운 형태를 끝내는 것은 오직 왕의 귀환(재림) 밖에 없다. 하지만 필자가 마지막 비유의 바른 해석이라고 믿는 몇 가지 내용들은 몇몇 사람들이 이의를 제기했기에, 이후에 자세히 살펴보고자 한다.

마태복음 12장에서 자신의 죽음과 부활을 예고하신 주님은 자신이 이스라엘 민족으로부터 거절당하실 것을 선언하셨다. 선지자 요나의 표적 외에는 더 이상 그들에게 보여줄 표적이 없었다. 요나가 고래 뱃속에서 삼일 낮과 밤을 보냈듯이, 인자께서도 땅 속에서 삼일 낮과 밤을 보내실 것이다. 그리고 나서 주님을 배척한 악한 세대가 당하게 될 결과가 무엇인지를 보여주신다(마 12:41-45). 이제 주님과 새로운 관계를 형성하는 길은 주님의 아버지의 뜻대로 행하는 것이며, 주님은 그들과 함께 하실 것이다(마 12:46-50). 이것은 이스라엘의 불신앙 때문에 이스라엘 민족을 배제시키는 것이기도 했다. 이로 인해서 모든 믿는 이방인들이 천국에 들어오는 길이 열렸다. 이렇게 이방인들로 들어오지 못하게 벽을 쌓고 또 엄격히 제한을 했던 유대교는 막을 내렸다.

주님은 특별한 행동을 통해서 마태복음 13장의 비유들을 시작하셨다. 주님은 집에서 나가서 바닷가에 앉으셨다(마 13:1). 요한계시록 17장 1절에 있는 "물 위에 앉은 큰 음녀"의 그림과 비교해보면, 주님의 행동이 가진 의미를 알 수 있다. 15절에 보면 천사가 그 구절을 해석해준다. "네가 본 바 음녀가 앉아 있는 물은 백성과 무리와 열국과 방언들이니라."(15절) 그래서 주님은 혈연관계로 구성된 장소인 집을 떠나서, 세상 무역의 중심인 바닷가에 자리를 잡으신 것이다. 바닷가에는 큰 무리가 있었고, 주님은 그들을 향해서 "보라, 씨를 뿌리는 자가 뿌리러 나가서"(마 13:3)라는 말로 비유의 말씀을 시작하셨다.

이스라엘은 주님의 포도원이었다. 이미 오래 전에 포도를 심고, 울타리를 두르고, 여러 차례 말씀으로 돌보아 왔다(마 21:33). 주님은 오셔서 열매를 바라셨지만 아무 열매도 얻을 수 없었다. 이것은 심자마자 수확을 기대하는 식은 아니었다. 주님은 이스라엘이 거절한 천국 말씀을 가지고 그들을 떠나 다른 곳으로 나가셔야만 했으며, 좀 더 넓은 세상의 밭에 가서 자신을 위해 열매를 맺도록 씨를 뿌려야 했다. 주님이 친히 우리에게 해석해주신 대로 "밭은 세상"(마 13:38)이다. 즉 밭은 선택받은 이스라엘 민족이 아니라, 온 땅인 것이다.

그렇다면 우리는 기독교계의 전체 역사 속에서 무슨 일이 일어날 것인지를 대면하게 된다. 주님이 여기서 제자들에게 알려주신 대로, 그 결과들이 우리 눈앞에 펼쳐져 있다.

씨는 "천국 말씀"(19절)으로, 유대인의 왕으로서 거절당하시고 십자가에 못 박히실 주님의 권위와 권능으로 선포되고 있다. 아버지의 영광으로 죽은 자 가운데서 다시 사신 주님은 이제 아버지의 보좌에 앉아 계시며, 하늘과 땅의 권세를 받으시고 동시에 "임금과 구주"(행 5:31)로 높임을 받으셨다. 여기서 씨를 뿌리는 일을 하는 사람은 바로 주님이시며, 이렇게 씨를 뿌리는 일은 비록 여러 도구들을 사용하셨지만 언제나 주님이 하시는 일이었다. 그렇다면 천국의 형태는 전능자의 권능에 의해서 설립되어야 하지만, 아직 그렇게 설립되지 않았다. 장차 그리스도의 나라가 영광 가운데 이 땅에 세워질 때, 모든 것은 자신의 자리를 내어놓고 영광의 왕께 무릎을 꿇게 될 것이다. 천국은 사람들이 영접하도록 제시되었다. 거절을 당할 수도 있다. 믿음만이 주의 길을 예비할 것이고, 결과적으로 "믿음은 모든 사람의 것이 아니[라]"(살후 3:2)는 사실만이 남게 될 것이다. 구약의 선지자들은 천국에 대해서 예언했다. 곧 천국이 이 땅에 세워질 것이며, 철장으로 모든 대적하는 자들을 징치할 것으로 말했다. 여기선 그와는 반대로, 천국 안에는 세 가지 본질적으로 다른 형태의 대적자들이 있다는 것이 소개되어 있다. 즉 마귀, 육신, 그리고 세상이다. 그렇다면 씨가 열매를 맺는 일에 실패할 가능성이 얼마든지 있다. 씨를 뿌리는 일에는 분명히 공개적인 반대가 있을 것이며, 또한 사람들은 외적으로만 말씀을 받아들이고 그렇게 천국의 외적인 영역에 속하게 될 가능성이 많다. 그래서 많은 사람들이 열매를 맺지 못하고 다만 자신을 속이는(self-deceived) 신앙 생활을 하는 일이 비일비재해질 것이다. 그래서 이러한 일들이 우리를 둘러싸고 있는 기독교계의 일반적인 모습으로 나타나고 있는 것이다.

길가에 해당하는 사람

첫 번째 부류의 사람은 길가에 해당하는 사람이다. 이런 사람은 자신을 모든 일에 책임 있는 존재로 여길 터이지만, 사실은 사탄에 매인 바 된 사람이다. 이러한 사람에게도 말씀이 그 마음에 뿌려졌다는 것은 참으로 엄중한 일이다(19절). 말씀이 마음에 뿌려진 것 자체가 회심을 의미하지 않는다. 심지어 그는 말씀을 깨닫지도 못했다(19절). 어째서 그런가? 왜냐하면 말씀이 뿌려진 마음이, 길가와 같이 너무 단단해서 씨가 뿌리를 내릴 수 없었기 때문이다. 그렇다면 그 씨는 하늘의 새들의 먹잇감이 되고, 기록된 대로, 악한 자(시험하는 자)가 와서 말씀을 빼앗아 간다(19절). 참으로 안타까운 일은 그러한 상태에 있는 영혼들이 너무도 많이 있다는 것이다. 사업이나 쾌락, 그것이 합법적인 것이든지 불법적인 것이든지 간에 그러한 것들에 마음을 빼앗긴 채 조금도 영적인 것에 반응하지 못하는 상태에 있는 사람들이 있다. 주목해야 할 것은 이러한 사람들은 조금도 영적인 일에 관심이 없다는 것이다.

그럼에도 말씀이 그 마음에 뿌려졌다. 하나님 말씀의 경이로운 능력은, 어디서 증거하든지, 신적인 권위를 동반하게 된다. 그래서 사람은 마음 속으로 말씀의 증거와 메시지에 접촉하게 되고 의미하는 바를 깨달아 알게 된다. 사도 바울은 "오직 진리를 나타냄으로 하나님 앞에서 각 사람의 양심에 대하여 스스로 추천하노라"(고후 4:2)고 말했다. 모든 사람이 진리에 반응하지는 않을 것이지만, 어느 정도는 반응을 보이는 사람들이 늘 있기 마련이다. 따라서 거기에 빛이 있음을 알면서도 의식적으로 빛에게서 도망치려는 영혼은 의도적으로 어둠을 사랑하는 것이며, 그렇다면 빛을 통해서 노출된 자신의 악한 행위들을 그저 덮고자 하는 불신앙의 태도를 보이게 된다.

말씀을 경청한 사람들이 극적으로 나타내는 회심의 순간들은 그들에게 낯선 것일까? 그러한 사람들은 말씀이 제대로 이해되지 않는 것일까? 말씀이 마음의 뜻과 생각을 드러내는 빛으로 다가오는 것은 맞다. 그것을 충분히 느끼지만, 거기서 도망치는 사람은 마귀의 권세 아래 묶여 있는 사람이다. 말씀이 준 감동이나 감명은 곧 제거된다. 뿌려진 씨를 빼앗기는 것이다. 사탄에게 속고 있는 가련한 영혼은 순간적으로 가졌던 확신조차도 스스로 비웃게 되며, 무관심으로 일관하고 있는 자신의 지혜를 자랑하기까지 한다.

돌밭에 해당하는 사람

두 번째 부류의 사람들은 마음이 돌밭에 해당하는 사람들이다. 돌밭과 같은 마음을 가진 사람은 그 사람 속에 있는 육신이 말씀을 대적하고 반대하는 것을 나타낸다. 이러한 이유 때문에 여기에 해당하는 사람에 대한 설명은 가장 나쁜 상태가 아니라 가장 좋은 상태에서 묘사되고 있다. 이 사람은 "말씀을 듣고 즉시 기쁨으로 받되 그 속에 뿌리가 없[는]" (20,21절) 사람이다. 이 사람은 자연인이지만 말씀을 거절하고 있지 않고, 오히려 말씀을 받아들이고 있다. 그럼에도 첫 번째 경우와 같이 실제적인 열매는 없다. 씨는 급속히 자랐지만 밭에 널린 돌들이 일종의 온돌방(hot-bed)과 같은 작용을 했다. 그래서 씨는 풍성한 수확을 줄 것처럼 금방 자랐다. 하지만 이처럼 급속도로 발전하는 것을 선호하는 것은 지속성을 유지하기 힘든 법이다. 씨는 바위에 뿌리를 내릴 수 없었고 해가 돋은 후에는 씨를 말려버렸다.

여기서 무엇이 문제인지를 알아내는 것은 어렵지 않다. 이것은 말씀을 받아들인 듯 보이지만 실제로는 불신앙으로 가득하고, 변화되지 않고, 또 말씀을 받아들이기를 거부하는 돌 같은 마음에 대한 그림이다. 참으로 많은 사람들이 이러한 반응을 보인다. 복음이 증거될 때, 즉시 반응을 보이고 기쁨으로 말씀을 받아들이는 사람들이 있다. 하지만 즉각적인 기쁨은 표면적인 반응에 불과하고, 속마음에는 실재성이 없는 경우가 많다. 그런 경우, 씨가 뿌리를 내리도록 마음 밭이 쟁기의 날로 갈린 적이 없다. 그렇다면 마음속에 일어난 역사는 양심을 터치한 일이 없기에 다만 이성적이고 감정적인 반응에 불과하다. 그렇다면 거기엔 회개가 없다. 자신이 잃어버린 자이며, 무력하고, 아무것도 할 수 있는 것이 없는 상태라는 인식 가운데 바닥까지 엎드려서, 오직 그리스도의 보혈과 은혜만을 바라본 일이 없는 것이다. 자아가 깨진 가운데, (자기 노력으로 선행을 행함으로써 구원을 얻고자 하는 자세와 태도를 가리키는) 자기-의(self-righteousness)와 (그리스도 없이 사는 것이 행복한 상태를 가리키는) 자족성(self-sufficiency)을 버리고, 그리스도에게로 온 일이 없는 경우이다.

따라서 그러한 사람 속에는 뿌리가 없다. 그렇다면 그리스도가 그런 사람에겐 꼭 필요한 존재가 아니다. 그런 사람은 "말씀을 인하여 환난이나 핍박이 일어나는 때에는 곧 넘어지는 자"(21절)이다. 이것은 (기독교를) 육신의 종교로 삼고, 정서를 함양하는 종교로 삼은 사람의 결말을 보여준다. 이는 그 영혼 속에 신적인 역사의 징후와 인침, 즉 영구성(permanence)이 부족하다는 것을 말해준다. 그 결과는 "잠시 견디다가"(21절)였다. 하지만 성경은 이렇게 말한다. "무릇 하나님의 행하시는 것은 영원히 있을 것이라"(전 3:14)

이상의 설명은 하나님 말씀의 보배로운 씨를 가지고 나가는 모든 일꾼들에게 경각심을 갖게 해준다. 즉 자신이 증거한 말씀의 결과를 속히 보려는 것은, (영혼들이 이전에 충분히 준비되지 않았다면) 가능하지도 않을뿐더러 일어날 수도 없다는 것이다. 오히려 그 반대의 상황에 봉착하게 될 것이다. 피상적인 설교는 영혼을 하나님 앞에서 잃어버린 상태에 있는 죄인의 자리에 서게 하는 대신, 죄에 대한 각성을 일으키지 못할뿐더러 헛된 평강을 심어주거나 얕은 기쁨만을 줄 뿐이다. 영혼들로 하여금 평안을 경험하도록 혹은 평강을 추구하게끔 하는 것 자체가 설교의 목적은 아니다. 설교의 목표는 그리스도이다. 왜냐하면 그리스도만이 우리의 (확실한) 평강이기 때문이다. 만일 그리스도께서 "잃어버린 자를 찾아 구원하고자"(눅 19:10) 오신 것이고, (잃어버린바 된 사람에겐 이것이야말로 진짜 "기쁜 소식"이 되고) 사람들이 이 복음 메시지를 받으려면 우선 자신들이 잃어버린 자라는 사실을 알아야 한다. 이것이 성경에서 말하는 진리이며, 회개의 필요성인 것이다. 따라서 복음에는 회개의 자리가 있어야 한다. 그래서 성경은 "회개하고 복음을 믿으라."(막 1:15)고 말한다.

가시떨기에 해당하는 사람

이제 우리는 세 번째 부류의 사람들에게 이르렀다. 이들은 가시떨기 같은 마음에 말씀이 뿌려진 사람들이다. 주님은 이것이 무엇을 의미하는지를 해석해주셨다. 즉 세상이 말씀의 역사를 방해하고 있는 것이다. 그래서 "말씀을 들으나 세상의 염려와 재리의 유혹에 말씀이 막혀 결실치 못하는"(22절) 것이다.

　이것은 다른 어떤 것들보다 더욱 엄중한 경고의 말씀이다. 왜냐하면 여기서 말씀은 더욱 깊이 자리를 잡은 듯 보이기 때문이다. 이것은 믿음을 방해하는 폭력적인 공격이나 핍박의 상황은 전혀 없지만, 이런 저런 형태로 조용히 미치는 세상의 영향력을 받아들임으로써 믿음이 무너지는 상황을 말하고 있기 때문이다. 우리 가운데 어느 누구도 다소간 우리 삶에 합법적이고 필수적인 것들을 우리 마음에 받아들인 후, 그것이 (욕심 때문에) 근심과 염려로 바뀜으로써 우리 삶 속에서 하나님에게 속한 것들을 얼마나 서서히 몰아내는지를 모르는 사람은 없을 것이다. 이렇듯 우리 마음에 염려가 자리 잡는 것을 하찮은 일로 여기지 말고, 얼른 쫓아내어야 한다. 우리는 대개 그러한 경향이 있다. 이와 같은 경우를 잘 모르는 사람, 그런 성향의 사람에게서 우리는 말씀의 씨가 금새 눈에 띠게 자라는 것을 볼 수 있다. 외부의 공격도 없고 유혹의 기미도 없다. 그저 일상적인 일이 반복되는 가운데, 소위 대박을 기대하는 마음으로 하루하루를 살아가게 된다. 만일 영혼의 상태가 이렇다면 가시떨기 속에 있는 씨처럼 열매를 맺는 일은 기운이 막히지 않겠는가?

앞서 살펴본 세 개의 사례에서, 우리는 외형상 매우 좋은 상태에서도 "열매"를 맺지 못했다는 사실에 주목해야 한다. 모든 경우에 믿음은 있었다. 하지만 "행함이 없이 믿음만 있는 그런 믿음은 그 자체가 죽은 것"(약 2:17)이다. 그런 믿음을 가진 사람의 영혼 속에는 하나님을 위해서 살고자 하는 마음도 없고, 실제로 하나님을 위해서 일하는 것도 없다. 죄에 대한 각성도 없고, 애통해 하는 마음도 없고, 하나님을 갈망하는 것도 없다. 진정 이러한 것들이 있는 곳이라야, 열매가 있고, 참 믿음이 있고, 영생이 있다. 이런 사람은 결코 멸망치 않을 것이며, 주님의 손에서 빼어낼 수 없다(요 10:28).

좋은 땅에 해당하는 사람

네 번째 부류의 사람들에 대해서만 성경은 "말씀을 듣고 깨닫는 자니"(23절)라고 말하고 있다. 이것이 바로 "좋은 땅에 말씀이 뿌려진" 사람의 특징이다. 게다가 이 사람은 "결실하는" 사람이다. 말씀을 깨닫는 것이 여기서 중요한 핵심이다. 복음을 깨달을 수 있는 상태에 넣어주는 것은 바로 우리 자신에 대한 이해에 있다. 우리 영혼이 우리 자신의 유죄성, 우리 자신의 무능성, 우리 자신의 절망성 등을 깨닫는 것이 복음 메시지가 가진 충만성과 복됨을 이해하는 길을 열어준다. 만일 내가 죄인이고, 나 자신의 힘으로 이 상태에서 벗어날 수 없다는 것을 철저히 깨달아

았다면, 예수님께서 죄인을 위해서 죽으셨고 또 그 예수님 때문에 하나님은 경건치 않은 사람을 의롭다고 하시는 복음의 말씀이 얼마나 감미로우며 감동으로 다가올 것인가! 만일 내가 할 수 있는 것이 아무 것도 없다면, "일을 아니할지라도…믿는 자에게는 그의 믿음을 의로 여기[신]"(롬 4:5)다는 사실이 우리 영혼에 얼마나 밝은 빛으로 다가올 것인가! 그때 비로소 복음을 깨닫게 되고, 복음이 나의 영혼 속에 들어오게 된다. 따라서 복음은 하나님을 높인다. 그렇다면 죄에 대한 각성과 나 자신에 대한 절망이 어울려져 나의 마음을 깨뜨린 일이 없다면, 복음의 씨를 받아들일 준비를 갖춘 좋은 땅이란 존재하지 않는다. "우리가 아직 연약할 때에" 그리고 때가 되자 "그리스도께서 경건치 않은 자를 위하여 죽으[신]"(롬 5:6) 복음이 믿어지게 된다.

이 비유의 교훈은 아주 분명하다. 천국은 능력에 의해서 세워지는 것이 아니라, 말씀을 받아들임으로써 세워지는 것이다. 말씀은 불신의 세계에서는 아무런 영향을 미치지 못할 뿐더러, 명목상의 신앙고백만 존재하는 곳에서도 종종 비현실적으로 들릴 뿐이다. 따라서 이것은 천국이 영토의 문제가 아니라, 그 본질상 진리의 나라이며, 그 백성들은 제자들이며, 천국에 들어가는 길은 제자가 되는데 있고, 천국은 개인들의 가입에 의해서 성장한다는 것을 보여준다. 이것은 너무도 자명한 것이며, 이것이 앞으로 소개되는 모든 것의 기초가 된다.

제 7장 알곡 가운데 가라지

    현재 상태의 천국은 궁극적인 하나님 나라의 형태가 아니기 때문에, 구약의 선지자들이 그려본 모습과는 상당한 차이가 있다. 천국을 받아들일 것인지의 선택권이 사람의 손에 주어졌으며 또한 강제성이 없기 때문에, 어떤 사람들은 받아들일 것이지만 대부분 사람들은 거절할 것이다. 심지어는 외적으로만 받아들일 뿐, 많은 경우 하나님을 향해 열매를 맺는 것도 거의 없을 것이다. 따라서 천국의 자녀들 가운데 많은 사람들이, 이스라엘 백성들처럼 나중에 천국에서 쫓겨나는 일이 있을 것이다. 씨 자체나 또는 씨가 자라는 데에는 아무 문제가 없지만, 씨가 심겨진 토양이 본질적으로 문제인 것이다.

　이것이 전체적인 그림은 아니다. 지금까지 우리는 좋은 씨가 뿌려졌지만 토양 때문에 열매를 맺는데 실패한 것에 대해서 살펴보았다. 이제는 다른 사람에 의해서 전혀 다른 종류의 씨가 함께 심겨진 일의 결과에 대해서 살펴보고자 한다. 이 일은 좋은 씨를 심는 일을 반대하는 형태가 아니라 오히려 우리 영혼의 원수가 보다 적극적으로 행하는 일이다.

　"천국은 좋은 씨를 제 밭에 뿌린 사람과 같으니 사람들이 잘 때에 그 원수가 와서 곡식 가운데 가라지를 덧뿌리고 갔더니"(마 13:24, 25)

　첫 번째 비유는 비록 볼품없고 아무 씨알도 없는 곡식들이 싹을 낸 가운데서도 좋은 씨가 뿌려지고 나름 풍성한 결실을 거두게 된 것을 보여주고 있다. 이제 두 번째 비유에서는 원수가 전혀 알곡이 아닌 가라지를 심는다. 이 경우, 밭에 심겨진 씨는 그리스도의 말씀이 아니라 사탄의 변질된 교리이다. 좋은 씨는 결코 가라지를 낼 수 없으며, 거짓의 아비는 결코 진리를 증거할 수 없다. 따라서 우리는 말씀을 전하는 사람이 선한 영에 속했는지 아니면 악한 영에 속했는지를 시험할 필요가 있다.

"하나님의 영은 이것으로 알지니 곧 예수 그리스도께서 육체로 오신 것을 시인하는 영마다 하나님께 속한 것이요 예수를 시인하지 아니하는 영마다 하나님께 속한 것이 아니니 이것이 곧 적그리스도의 영이니라."(요일 4:2,3)

그리스도의 원수는(마 13:25, 그 원수) 심지어 "자기를 광명의 천사로 가장" 해서 그리스도의 역사를 허무는 일을 한다. 이는 사탄이 그리스도께서 영혼들을 위하신다는 것을 너무도 잘 알기 때문이다. 그래서 그리스도가 전파될 때에도, 투기와 분쟁을 일으키기도 한다(빌 1:15). 그럼에도 사도 바울은 그리스도가 전파되는 것 때문에 기뻐할 수 있었다. 이제 여기에 싹이 나고 결실한 것은 알곡만이 아니었다. 가라지도 함께 자라났다. 여기 25절에서 "덧뿌리다"는 단어는 진리를 실제적으로 대적하는 모방의 역사를 가리킨다. 이러한 모방의 역사는 악한 자의 아들들이 그리스도인의 이름과 옷을 입고서 자행하는 진리와 및 그리스도를 대적하는 역사로서(38절), 이 사람들은 단순히 거듭나지 못한 자연인이라기보다는, 하나님의 자녀들이 하나님의 말씀으로 태어났듯이 마귀의 말(또는 귀신의 가르침(딤전 4:1), 다른 복음(갈 1:6))에 의해서 태어난 마귀의 자녀들이다.

여기서 우리는 아무런 방해가 없는 것을 볼 수 있다. (가라지가 자라는 데에는) 사람들이 밟고 다니므로 단단해진 길가, 그리고 돌밭이 문제가 되지 않았다. 또 공중의 새들이 씨를 낚아채 가거나, 가시덤불이 기운을 막는 일도 없었다. 모든 환경이 씨에게 유리하게 작용했으며, 더욱이 성장을 촉진하고 있었다. 따로 돌볼 필요도 없었다. "세상의 염려와 재물의 유혹에 말씀이" 막히는 일도 없었다. 모든 것이 안락하고, 토양도 비옥했다. 이는 가라지에게 필요한 지혜는 "하나님의 능력이요 하나님의 지혜"(고전 1:34)이신 그리스도가 아니라, "위로부터 내려온 것이 아니요 땅 위의 것이요 정욕의 것이요 귀신의 것"(약 3:15)이기 때문이다.

그렇게 두 종류의 씨는 번성할 수 있었다. 하나님의 자녀들은 집주인의 종들이었다. 그들은 이런 일을 분별하는 일에 미숙했다. 씨를 심는 것과 그 가운데서 자라는 것의 본질적인 차이점을 구분하지 못했다. "집 주인의 종들이 와서 말하되 주여 밭에 좋은 씨를 뿌리지 아니하였나이까 그런데 가라지가 어디서 생겼나이까?" 참으로 슬프고도 엄중한 사실은, 우리는 너무 속단하는 경향이 있다는 것이다. 다시 말해서, 우리는 진리를 너무 가볍게 생각하는 경향이 있다. 그럼에도 우리는 진리의 말씀으로 거듭났으며(약 1:18), 진리로 거룩하게 되었다(요 17:17). 우리는 진리를 통해서만 우리 자신에 대해서, 그리고 하나님에 대해서 알 수 있다. 사도 바울은 진리를 왜곡하는 일에 대해서 이렇게 말했다. "우리나 혹 하늘로부터 온 천사라도 우리가 너희에게 전한 복음 외에 다른 복음을 전하면 저주를 받을지어다."(갈 1:8) 사도 바울이 반복해서 강조하는 말은, 자신을 감동시키고 움직이게 한 것은 잘못된 열심에 의해서 격동된 마음이 아니라 그리스도의 영에 의한 참된 영감에 속한 말씀이었다.

씨가 자라서 싹을 내었고, 곡식 가운데 가라지도 많이 생겼다. 이 일은 기독교 역사를 볼 때, 얼마나 속히 진행되었는지 모른다. 유대주의, 율법주의, 예식주의, 그리고 기독교 교리의 근간이라고 할 수 있는 부활 자체를 부정하는 일까지 포함해서, 우리는 사도 시대의 교회들 가운데서도 이런 일이 얼마나 자주 반복해서 나타났는지를 알고 있다. 하나님의 확실한 말씀에는 미래에 대한 엄중한 경고가 있다. 사도들 가운데 마지막 사도인 요한은 이렇게 썼다.

"지금도 많은 적그리스도가 일어났으니 그러므로 우리가 마지막 때인 줄 아노라"(요일 2:18)

이렇게 가라지들이 자라난 일은 밭을 맡고 있는 사람들의 책임이다. "사람들이 잘 때에 그 원수가 와서 곡식 가운데 가라지를 덧뿌리고 갔더니"(마 13:25) 실패가 있었다. 첫 번째 비유에서, 씨를 뿌린 사람들은 사람들의 마음에 진리의 말씀이 뿌리를 내리지 못하고, 또 진리를 외적으로만 수용하고 내적으로는 전혀 받아들이지 못함으로써 사람 속에 말씀의 역사가 일어나지 못한 것을 막을 수 있는 능력이 없었다. 오순절 날에 말씀을 기쁘게 받은 모든 사람들이 같은 날 세례(침례)를 받았다. 환난이 오고 그들이 과연 견디는지를 볼 수 있는 여백을 두지 않았기에, 과연 돌밭에 해당하는 마음 상태에 있는 사람들에겐 실제적인 시험이 되었다. 그런 사람들은 말씀을 "즉시 기쁨으로" 받고, 또 세례(침례)를 받음으로써 제자의 무리에 더해졌다. 그렇다면 세례(침례) 받은 사람들에게 무슨 문제가 있는 것은 아니었다. 마음 속을 들여다볼 수는 없었기 때문이다. 그렇다면 책임은 하나님 앞에서 각자의 몫이다.

하지만 전파된 것이 진리의 말씀이 아니라 사탄이 말씀을 변개시킨 것이라면 문제가 다르다. 사탄은 제자들 가운데서도 말씀을 변개시킨 것을 심기 시작했다. 다시 한번 말하지만, 이러한 일은 얼마나 빨리 전개되었는지 모른다. 그래서 그리스도 안에 있는 어린아이들에게 조차도 적그리스도에 대해서 경고하는 글을 쓸 필요가 생겼던 것이다. 게다가 "성도에게 단번에 주신 믿음의 도를 위하여 힘써 싸우라"(유 1:3)는 편지를 써서 권하기도 했다. 왜냐하면 "가만히 들어온 사람[들]" 때문이었다. 그들은 "경건하지 아니하여 우리 하나님의 은혜를 도리어 방탕한 것으로 바꾸고 홀로 하나이신 주재 곧 우리 주 예수 그리스도를 부인하는"(유 1:4) 사람들이었다. 이 말은 가라지들이 이미 활동하고 있었다는 의미이다. "악한 자의 아들들"이 있었다. 그리스도는 자신의 나라, 천국에서 부인되고 있었다. 그리스도의 주재권에 대한 의문이 제기되었고, 그리스도께서는 문제를 해결하기 위하여 왕권을 가지고 오셔서 심판을 집행하셔야만 했다. 종들은 이 문제를 해결할 능력이 없었다. "종들이 말하되 그러면 우리가 가서 이것을 [가라지를] 뽑기를 원하시나이까? 주인이 이르되 가만 두라 가라지를 뽑다가 곡식까지 뽑을까 염려 하노라."(마 13:28,29)

여기서 얻을 수 있는 엄중한 교훈이 많이 있다. 그럼에도 이 비유는, 많은 사람들이 여기서 배울 수 있다고 생각하는 많은 내용들을 전혀 가르치고 있지 않는 것도 사실이다. 예를 들어서, 여기서는 주의 만찬 상에서 서로 교통하는 내용은 전혀 없다. 그럼에도 이 구절을 만찬에 계속해서 적용시키려 하는 것은 성경에서 말하고 있지 않은 내용을 나름대로 합리화시켜서 맹목적으로 추종하는 것에 불과하다. 또 그들은 주님이 가라지의 비유를 통해서 알곡과 가라지가 교회 안에 함께 자라게 두도록 교훈하셨다고 주장한다. 그렇다면 사도 바울이 고린도 교회에게 강력하게 요구하고 있는 "이 악한 사람은 너희 중에서 내쫓으라"(고전 5:13)는 구절은 무슨 의미가 되는 것인가? 그들이 말한 대로라면, 악한 일을 저지른 누군가를 교회로부터 격리시키려는 것 자체가 비성경적이고 또 (가라지를 뽑지 말고 두라는 주님의) 말씀에 불순종하는 일이 되지 않겠는가?

가라지를 뽑는 일은 천사들의 손에 맡겨졌다

이제 마태복음 13장은 우리가 알아야 할 중요한 내용을 소개하고 있다. 즉 악한 자가 개입했기 때문에 일을 바로잡기 위해서 다른 힘 혹은 권세 있는 존재가 등장하게 된 것이다. 사람들이 자는 동안 가라지가 심겨졌다. 잠을 자지 않고 불침번을 선다든지 혹은 경계심을 갖는 것으로는 이 악한 자의 역사를 막을 수 없었다. 그래서 가라지를 제거하는 일은 추수의 날에 천사들의 손에 맡겨진 것이다. "둘 다 추수 때까지 함께 자라게 두라 추수 때에 내가 추수꾼들에게 말하기를 가라지는 먼저 거두어 불사르게 단으로 묶고 곡식은 모아 내 곳간에 넣으라 하리라."(마 13:30)

유다서에서도 이 일의 상황을 해결하는 방법을 소개하고 있는데 마태복음 13장 30절과 내용이 동일하다. "아담의 칠대 손 에녹이 이 사람들에 대하여도 예언하여 이르되 보라 주께서 그 수만의 거룩한 자와 함께 임하셨나니 이는 뭇 사람을 심판하사 모든 경건하지 않은 자가 경건하지 않게 행한 모든 경건하지 않은 일과 또 경건하지 않은 죄인들이 주를 거슬러 한 모든 완악한 말로 말미암아 그들을 정죄하려 하심이라 하였느니라."(유 1:14-15) 그렇다면 기독교계라는 추수 밭에는 반드시 알곡과 가라지를 분리해내는 일이 있을 것이다. 이 일은 추수의 시기에 있게 될 것이다. 그렇다면 알곡과 가라지를 분리하는 것은 디모데후서에서 사도 바울이 말하고 있는 일, 즉 큰 집에 있는 천하게 쓰는 그릇에서 자신을 깨끗하게 하는 일과는 전혀 다른 성격의 것이다(딤후 2:20,21). 사도 바울이 디모데에게 말하고 있는 이 일은 (추수 때가 아니라) 지금 이 시대에 해야 하는 일이다. 집 자체를 청소하는 일은 주님만이 할 수 있는 일이며, 마지막 날에 그리 하실 것이다.

그간 가라지와 알곡은 함께 자랄 것이다. 기독교계 안에서 그리스도의 이름으로 그리스도께 불명예를 끼치는 자들은 결코 알곡인 참 신자의 존재를 지울 순 없다. 게다가 열정적으로 복음을 전파한 결과로 아무리 복스러운 열매를 많이 거두었을지라도, 유니테리어니즘[3], 만인구원론, 영혼소멸론, 교황주의 등을 믿는 가라지들은 결단코 하나님의 곡식 창고에 들어갈 수 없다. 그들이 비록 신앙고백을 하고 또 자신을 그리스도인으로 생각한다 해도, 그 날에 그들은 우리 참 그리스도인들과 함께 계수되지 않을 것이다. 비록 그들이 우리와 함께 주의 상에 앉아 그리스도인

---

[3] 이성의 자유로운 활용을 강조하며, 하나님이 한 위(位)로만 존재한다는 견해를 갖고 있으며, 그리스도의 신성과 삼위일체 교리를 부인한다.

체 할지라도, 우리가 그것을 참을 수 없어 하든지 혹은 상관없어 하든지 간에, 어쨌든 우리는 그들과 더불어 한 떡에 참여하는 한 몸으로 선언할 수밖에 없다. 왜냐하면 "떡이 하나요 많은 우리가 한 몸이니 이는 우리가 다 한 떡에 참여"하기 때문이다(고전 10:17). 반면에 우리 주님과 주인이신 분께 불명예를 끼치는 자들과 어울리지 않는다고 해서, 그들과 사귐을 피하기 위해서 기독교계 밖으로 나갈 수는 없다. 아무리 우리에게 능력이 있다 해도, 주의 백성들 가운데 많은 사람들이 다양한 오류와 거짓 가르침에 속고 있는 사람들을 정확하게 가려내는 일은 가능하지 않다. "주께서 자기 백성을 아신다"(딤후 2:19)는 사실만이 우리의 위로가 된다. "볼지어다. 주님이 오신다."는 것만이 모든 어그러진 상황들을 해결하는 치료책인 것이다.

가라지는 불사르기 위해 단으로 묶여 진다

인간의 손이 무능했기에 알곡과 가라지를 구분하는 일은 기독교계의 추수의 날에 천사의 손에 맡겨졌다. 그렇다면 추수하는 일꾼은 천사들이다. 밭에는 알곡과 가라지가 함께 추수를 기다리고 있다. 어느 한 순간 둘 다 추수되어, 가라지는 불사르기 위하여, 알곡은 곳간에 들어가기 위하여 단으로 묶이게 된다. 이것은 엄중한 기독교계의 종말의 모습이다.

이제 추수의 순서와 방법에 대해서 좀 더 자세히 살펴보자. 그럴 때 우리는 추수의 성격을 제대로 이해하게 하게 되고, 그 지대한 중요성을 깨닫게 될 것이다.

"가라지는 먼저 거두어 불사르게 단으로 묶고"(마 13:30) 아직 불 사른 것도 아니고, 밭에서 옮겨진 것도 아니다. 다만 밭에서 가라지를 따로 묶어서 구분해놓은 것뿐이다. 이렇게 함으로써 알곡을 쉽게 알아보게 되고 또 곳간에 넣을 준비를 한 것이다. 여기서 우리는 너무 억측하는 것을 삼가야 한다. 이 일이 점진적으로 이루어질지 아니면 갑작스럽게 단번에 이루어질지 알 수 없다. 하지만 분리하는 일은 반드시 일어날 것이며, 주의 참된 백성은 그 날에 거룩한 무리 가운데 들어가게 될 것이다. 그 다음으로 진행되는 일은 가라지의 옮겨짐이 아니라, 사실은 알곡의 옮겨짐이다. 가라지는 단으로 묶여 밭에 남게 된다. 반면 알곡은 곳간에 넣어진다.

곡식은 모아져 하나님의 곳간에 들어간다

우리는 이것을 보면서 기쁜 마음을 가지게 된다. 얼마나 많은 사람들이 이 단순한 구절을 보면서 기쁨에 찬 소망을 맛보는지 모른다. 이 장면이 데살로니가전서 4장에 소개되어 있는데, 이것은 곧 주의 공중 재림을 가리킨다.

"주께서 호령과 천사장의 소리와 하나님의 나팔 소리로 친히 하늘로부터 강림하시리니 그리스도 안에서 죽은 자들이 먼저 일어나고 그 후에 우리 살아 남은 자들도 그들과 함께 구름 속으로 끌어 올려 공중에서 주를 영접하게 하시리니 그리하여 우리가 항상 주와 함께 있으리라."(살전 4:16,17)

주님이 공중으로 오시며, 호령과 천사들의 소리와 하나님의 나팔이 울려난다. 그리고 그리스도 안에서 죽은 자들의 부활이 있게 되고, 과거 세대에 그리스도 안에서 잠을 자고 있는 무수한 사람들이 살아난다. 땅에서는 살아 있는 성도들의 휴거가 일어난다. 이는 영광스러운 무리의 발흥이며, 이렇게 휴거된 모든 성도들이 주 앞에 모이게 되고, 뜨거운 환영이 있게 된다. 그리하여 "항상 주와 함께" 있게 된다. 이 모든 것은 "곡식은 모아 내 곳간에 넣으라"(마 13:30)는 말씀이 담고 있는 다양한 모습과 특징인 것이다. 이 일은 순식간에 일어날 것이다. "일순간 눈 깜짝하는 사이에" 일어나는 변화이다. 모든 참된 성도들은 기독교계의 사방에서 나와 휴거될 것이며[4], 가라지들은 불사르기 위하여 단으로 묶인 상태에서 밭에 남게 될 것이다.

거짓 신앙고백자들은 가라지의 운명에 처한다

열매 맺지 못하고 죽어버린 씨앗에 속한 거짓 신앙 고백자들은 어디에 있게 될 것인가? 돌밭에 해당하는 사람은 어디에 있을까? 말씀의 좋은 씨가 뿌려졌지만 이 세상 염려와 재리의 유혹 때문에 기운이 막혀 결실하지 못한 사람은 어디에 있게 될 것인가? 우리는 가라지가 그저 가라지가 아니라, 사실은 사탄이 말씀을 왜곡시키고 혼잡하게 한 것을 그대로 믿는 사람들인 것을 이미 살펴보았다. 이들은 단순히 사도 바울이 말하고 있는 "경건의 모양은 있으나 경건의 능력은 부인하[는]"(딤후 3:5) 사람들이 아니다. 오히려 그들은 사도 베드로가 말한 "멸망하게 할 이단을 가만히 끌어들여 자기들을 사신 주를 부인하[는]" 거짓 선생들 혹은 그들의 가르침을 받는 사람들이다. 따라서 많은 사람들이 그들의 악한 길을 따를 것이며, 진리의 도를 비방하며 악하게 말하는 것을 좇을 것이다(벧후 2:1,2). 이러한 사람들이 바로 마귀가 심은 가라지이다. 그렇다면 그러한 가라지와 단순한 형식적인 종교인 또는 진리를 믿노라고 고백하지만 아무런 열매를 맺지 못하는 사람들을 구분하는 것은 중요하다. 이러한 이유 때문에, 베드로와 유다는 세상 모든 사람을 심판하는 심판이 신속하

---

4) 주의 재림을 믿는 사람들 가운데 새로운 이론을 주장하는 사람들이 있다. 재림 당시 살아있는 성도들 가운데 영적으로 준비된 사람들만 휴거되고, 나머지 성도들은 대환란을 통과해서 정결하게 되는 과정을 거치도록 남겨진다는 것이다. 이것을 부분휴거설이라고 부르는데, 마태복음 13장 30절이 이 이론을 지지하고 있다고 한다. 하지만 이러한 해석은 본문이 말하고 있는 내용을 넘어서는 것이다. 이 이론은 지금까지 우리가 살펴본 비유의 말씀을 전적으로 부정하는 것이다.

고도 무섭게 임할 것이라고 우리에게 말해주고 있다. "아담의 칠대 손 에녹이 이 사람들에 대하여도 예언하여 이르되 보라 주께서 그 수만의 거룩한 자와 함께 임하셨나니 이는 모든 사람을 심판하사"(유 1:14,15)

입술만의 신앙고백자 또는 형식적인 신자는 심판을 피하지 못한다. 그들은 장차 크고 흰 보좌 앞에 서게 될 것이며, 죽은 자들의 심판에 참여할 것이다(계 20:11). 그들은 자기의 행위대로 심판을 받게 될 것이지만, 이 일은 우리가 살펴보고 있는 비유에서 말하고 있는 장면 훨씬 이후의 일이다. 여기서 문제는 단순하다. 나는 과연 곳간에 들어가게 될 알곡인가 아니면 불사름을 당하게 될 가라지인가의 문제이다. 밭에는 아무 문제가 없었다. 이것은 정통신앙을 가졌지만 열매를 맺지 못했기에 부끄러움을 당하는 경우도 아니다. 여기엔 중간 영역이 없다. 다만 당신이 알곡인가 가라지인가, 둘 중 하나의 문제이다. 추수를 마감하는 엄중한 시간에, 당신이 그리스도를 위하는 존재였는가 아니면 그리스도를 대적하는 존재였는가, 그 실체가 드러나는 문제인 것이다.

기독교계의 배도

이렇게 해석하는 것이 과연 옳은 것인가? 이에 대한 대답은 매우 중차대한 것이다. 우리는 그것을 데살로니가후서에서 볼 수 있다. 데살로니가전서에서 이미 사도 바울은 "우리 주 예수 그리스도의 강림하심과 우리가 그 앞에 모임에"(살후 2:1) 관하여 말했다. 그리고 그리스도께서 다시 오실 때 자는 성도들도 함께 데리고 오신다는 말로 그들을 위로했다(살전 4:14). 그리스도께서 지상에 강림하실 때 그들을 데리고 오려면, 그들은 그 이전에 죽은 자 가운데서 다시 살아나야 하며, 또 그 때에 살아 있는 성도들은 휴거되어 공중에서 주님을 만나는 일이 우선적으로 이루어져야 한다. 따라서 그리스도께서 세상을 심판하기 위해서 오실 때, 그들도 그와 함께 영광 중에 나타나게 될 것이다(골 3:4). 그래서 사도 바울은 데살로니가후서에서 이러한 그리스도의 재림에 대한 특징을 설명함으로써 데살로니가 그리스도인들을 위로할 수 있었고, 주의 날이 이미 이르렀다[5]는 주장에 대해서 쉽게 마음이 흔들리거나 두려워하거나 하지 말도록 경계를 시켰다(살후 2:2). (모든 선지자들이 증거한대로) 그 날은 인간의 손에 맡겨진 세상을 자신의 손에 다시 취하는 주의 날이 될 것이며, 그 시간은 세상에 대하여 심판을 집행하심으로써 땅에 거하는 자들

---

[5] 데살로니가후서 2장 2절에서 "이르렀다"는 말은 로마서 8장 38절 "장래 일", 골로새서 3장 22절 "장래 것"에서 사용된 "오고 있다"는 의미가 아니라 "이미 도래했다"는 의미이다. 따라서 알포드(Henry Alford)는 여기서 사용된 단어를 도래했다는 의미로 설명하고 있다. 게다가 대부분의 학자들은 이 구절에서 "그리스도의 날"이 아니라 "주의 날"로 읽어야 한다고 말한다.

이 공의를 배우는 날이 될 것이다. 사도 바울이 그들에게 확신을 주었듯이, 먼저 배도가 일어나고, 죄의 사람 곧 멸망의 아들이 나타나기 전에는 그 날은 이르지 않을 것이다. 죄의 사람, 곧 멸망의 아들은 대적하는 자이며, 신이라고 불리는 모든 것 위에 자신을 높이고, 숭배를 받으려 할 것이다(살후 2:3,4).

적그리스도

데살로니가후서 2장 3,4절을 자세히 설명하지는 않을 것이다. 다만 이 죄의 사람이 누구일지는 모르지만, 그는 분명 마지막 때 배도를 이끄는 자이다. 악한 자 곧 불법의 비밀은 이미 사도들의 시대에도 활동하고 있었다(7절). 하지만 그것을 막는 존재가 있었다. 막는 자가 옮겨지면 악한 자가 나타날 것이며, 그 악한 자는 주의 오심에 의해서만 멸망을 받게 된다(8절).

그렇다면 우리는 유다서에서 경고하고 있는 심판(유 1:14,15)과 마태복음 13장의 비유에서 설명하고 있는 것(마 13:30)이 같은 시간에 이루어지는 것을 볼 수 있다. 데살로니가후서 2장 3,4절은 마지막 시대에 일어날 배도의 지도자요 머리인 죄의 사람을 폭로하고 있으며, 더욱이 이러한 배도가 얼마나 멀리 영향을 미칠 것인가를 알려준다. 악한 자의 임함은 사람들을 미혹시키는 가공할만한 능력과 더불어 올 것이며, 신앙고백을 했지만 회심한 일이 없는 허다한 사람들을 매료시키고 사로잡을 것이다. 더 이상 중간 그룹이나 중립적인 영역에 있는 사람은 찾아볼 수 없게 될 것이다.

"악한 자의 나타남은 사탄의 활동을 따라 모든 능력과 표적과 거짓 기적과 불의의 모든 속임으로 멸망하는 자들에게 있으리니 이는 그들이 진리의 사랑을 받지 아니하여 구원함을 받지 못함이라 이러므로 하나님이 미혹의 역사를 그들에게 보내사 거짓 것을 믿게 하심은 진리를 믿지 않고 불의를 좋아하는 모든 자들로 하여금 심판을 받게 하려 하심이라."(살후 2:9-12)

기독교계의 역사는 이토록 처참하게 끝나게 된다. 참 성도들이 일단 휴거되면, 은혜의 문은 은혜를 거절한 자들에게 영원히 닫히게 된다. 그들은 배도를 열렬히 환영하며 또한 신속하게 진리를 믿지 않는 사람들에서 거짓을 믿는 사람들로 전향하게 될 것이다. 알곡이 밭에서 거두어지면, 밭에는 가라지만 남게 될 것이다.

실제로 가라지가 불사름을 당하는 것은 비유에서는 언급하고 있지 않지만, 이후에 주님이 제자들에게 비유를 해석해주시면서 그에 대해 말씀하셨다.

"그런즉 가라지를 거두어 불에 사르는 것같이 세상 끝에도 그러하리라 인자가 그 천사들을 보내리니 그들이 그 나라에서 모든 넘어지게 하는 것과 또 불법을 행하는 자들을 거두어 내어 풀무 불에 던져 넣으리니 거기서 울며 이를 갈게 되리라 그 때에 의인들은 자기 아버지 나라에서 해와 같이 빛나리라 귀 있는 자는 들으라."(마 13:40-43)

인자의 오심

이것은 주님이 자기 백성들에게 약속하신 대로 인자로서 보좌에 앉으시고자 오실 때 이루어질 것이다. "인내"의 시간이 끝날 때, 철장으로 만왕의 왕을 대적했던 모든 자들을 질그릇 깨뜨리듯 깨뜨리실 것이다. 그때 "심판이 의로 돌아갈"(시 94:15) 것이며, 땅은 압박의 멍에에서 풀려나고 또한 썩어짐의 종노릇한데서 해방될 것이다. 이는 그야말로 시편 37편에서 노래하고 있는 그 시간인 것이다. "진실로 악을 행하는 자들은 끊어질 것이나 여호와를 소망하는 자들은 땅을 차지하리로다 잠시 후에는 악인이 없어지리니 네가 그 곳을 자세히 살필지라도 없으리로다 그러나 온유한 자들은 땅을 차지하며 풍성한 화평으로 즐거워하리로다."(시 37:9-11)

머지않아 성도들이 하늘로 휴거되어 공중에서 주님을 만나는 날이 올 것이다. 그리고 땅에 대한 심판이 있을 것이며, 이것은 실상 땅을 복 주시는 길을 예비하는 것이다. 휴거된 성도들은 하늘에서 자신의 자리에 들어가게 된다. "그 때에 의인들은 자기 아버지 나라에서 해와 같이 빛나리라"(마 13:43) 이 얼마나 복된 말씀인가! 이것을 다른 식으로 표현하자면, 그들은 비로소 주님과 온전한 연합을 이룬 것이며 또한 철장으로 통치하시는 왕의 통치에 함께 참여하는 자가 된 것을 표현하는 것이다. 말라기 선지자는 이스라엘 민족을 향해 "내 이름을 경외하는 너희에게는 공의로운 해가 떠올라서 치료하는 광선을 비추리니 너희가 나가서 외양간에서 나온 송아지 같이 뛰리라"(말 4:2)고 말했다. 여기서 주의 이름을 경외하는 사람은 누구인가? 그들은 이스라엘 민족이다. 이제 이 구절은 땅에 대한 심판이 끝났음을 말해준다. 하지만 교회에 대해서 성경은 어떻게 말하고 있는가? 곧 "우리 생명이신 그리스도께서 나타나실 그 때에 너희도 그와 함께 영광 중에 나타나리라"(골 3:4)고 말하고 있다. 따라서 의인들은 자기 아버지 나라에서 해와 같이 빛을 발할 것이다.

그리스도와 함께, 그리스도와 같이 그들은 빛날 것이다. 그들은 한 영역에선 신하이지만, 다른 영역에선 통치자이다. 마음 깊이 헌신된 마음으로 섬기는 신하이면서도, 자신들이 아버지로 부르는 하나님의 아들들로서 완전한 자유를 누리게 될 것이다.

제 8장 세속적인 권세와 교회의 음성

 우리는 부재한 왕으로 인해서 비밀스런 형태로 시작되어 재림 시에 심판을 통해서 마무리되는 천국의 전체 역사를 살펴보았다. 이제 새로운 두 개의 비유는 우리를 처음으로 데리고 가서 동일한 진행과정을 다른 측면에서 바라보도록 해준다.

 다른 측면에서 볼 때, 전혀 다른 것처럼 보이는 두 개의 비유는 개인적인 측면이 아니라 단체적인 측면이라는 공통점이 있다.

게다가 기독교계가 총체적으로 어떻게 진행되어 갈 것인지에 대한 내적인 영적 실제 뿐만 아니라 외형적인 모습도 제공해준다. 사람들은 비유를 그렇게 적용하는 것에 대해서 의문을 제기할 수도 있지만, 우리는 나타난 실제적인 사실들을 통해서 기독교계가 이렇게 흘러갈 수밖에 없다는 것을 볼 수 있다.

겨자 씨 비유

"또 비유를 들어 이르시되 천국은 마치 사람이 자기 밭에 갖다 심은 겨자씨 한 알 같으니 이는 모든 씨보다 작은 것이로되 자란 후에는 풀보다 커서 나무가 되매 공중의 새들이 와서 그 가지에 깃들이느니라."(마 13:31,32)

이 비유에서 주님은 직접 비유를 해석해주지 않으셨다. 이전 비유에 더하여 동일한 천국을 설명하는 또 다른 비유를 제시하신 것이다. 성경이 스스로 해석자 역할을 하기에, 여기서 주님이 하신 말씀을 이해하고자 한다면, 그 뜻을 해석할 수 있는 열쇠를 그리 먼 곳에 두지 않으셨다는 것을 확신할 필요가 있다. 그에 대한 예로 다니엘서를 제시하고자 한다. 다음 다니엘서의 본문을 읽어보고, 과연 본문을 해석할 수 있는 열쇠가 전혀 주어지지 않았는지 말해보라. 여기 본문에 있는 독백은 바빌론 왕의 말이다.

"내가 침상에서 나의 머리 속으로 받은 환상이 이러하니라 내가 본즉 땅의 중앙에 한 나무가 있는 것을 보았는데 높이가 높더니 그 나무가 자라서 견고하여지고 그 높이는 하늘에 닿았으니 그 모양이 땅 끝에서도 보이겠고 그 잎사귀는 아름답고 그 열매는 많아서 만민의 먹을 것이 될 만하고 들짐승이 그 그늘에 있으며 공중에 나는 새는 그 가지에 깃들이고 육체를 가진 모든 것이 거기에서 먹을 것을 얻더라."(단 4:10-12)

이 나무는 왕 자신에 대한 설명으로 해석되었다(22절). "왕이여 이 나무는 곧 왕이시라 이는 왕이 자라서 견고하여지고 창대하사 하늘에 닿으시며 권세는 땅 끝까지 미치심이니이다."(22절) 그렇다면 모형 또는 예표는 항상 동일한 의미를 전달한다. "볼지어다 앗수르 사람은 가지가 아름답고 그늘은 숲의 그늘 같으며 키가 크고 꼭대기가 구름에 닿은 레바논 백향목이었느니라 물들이 그것을 기르며 깊은 물이 그것을 자라게 하며 강들이 그 심어진 곳을 둘러 흐르며 둑의 물이 들의 모든 나무에까지 미치매 그 나무가 물이 많으므로 키가 들의 모든 나무보다 크며 굵은 가지가 번성하며 가는 가지가 길게 뻗어 나갔고 공중의 모든 새가 그 큰 가지에 깃들이며 들의 모든 짐승이 그 가는 가지 밑에 새끼를 낳으며 모든 큰 나라가 그 그늘 아래에 거주하였느니라." (겔 31:3-6) 그렇다면 나무는 세상 권세와 위대함을 상징하고 있다. 마태복음 13장의 비유에서 이상한 점은 "모든 씨보다 작은 것"이 그처럼 큰 나무가 된 것이다(마 13:31,32). 씨는 다른 곳에서와 마찬가지로 여기서도 "천국 말씀"(19절)이다. 우리는 이미 사람들이 말씀을 어떻게 대했는지를 살펴보았다. 십자가에 못 박히신 분의 왕국은 그분을 십자가에 못 박은 사람들에게 아무런 매력을 주지 못했다. 참으로 슬픈 일이지만, 인간의 마음은 대부분 그러하다. 그렇다면 세상 거대 권력이 어떻게 세상 속에 복음의 씨를 뿌리는 일에서 나올 수 있었을까?

이렇게 된 것은 좋은 징조인가 아니면 나쁜 징조인가? 이 사실은 "내 나라는 이 세상에 속한 것이 아니니라"(요 18:36)는 주님의 말씀과 어떻게 조화될 수 있는가? 이 세상, 즉 입술로만 신앙 고백을 한 세 부류 제자들은 첫 번째 비유에서 말하는 것처럼 단순히 열매를 맺지 못하는 사람이며, 또한 두 번째 비유에서 말하는 것처럼 알곡 가운데 광범위하게 심겨진 사탄의 가라지인데, 이러한 사람들로 가득한 세상을 적절하게 다스릴 수 있는 것은 과연 무엇일까? 과연 선으로 악을 이기는 것일까?

이 모든 것에 대한 합리적인 설명을 원한다면 우리는 그러한 설명들을 얼마든지 찾을 수 있다. 우리는 한편, 우리 주변에서 기독교계가 세상에서 하나의 권력 기관이 되어버린 것을 충분히 볼 수 있고, 또한 실제적인 경험과 확실한 하나님의 말씀에 의해서, 그렇게 된 것은 세상과의 타협이 이루어진 결과라는 것을 알고 있다. 즉 세상에 매수를 당한 결과이다. 주님께 불명예를 끼치는 것을 알고도, 비세속적인 원리, 즉 신적인 원리를 희생하면서까지 세상의 내재적인 악을 수용한 것이다. 영적으로 깨어 있는 사람은 현재 시대를 묘사하는 내용 가운데 선두에 기록된 대로, 지금이 바로 "말세에 고통 하는 때"임을 알 수 있을 것이다 (딤후 3:1-5).

그렇다. 작은 씨가 자라서 실로 나무가 되었고, "공중의 새들"이 와서 그 가지에 깃들었다. 사탄이 기독교계라는 거대한 나무 가운데 둥지를 틀고 보금자리를 만든 것이다(4절, 19절을 참고하라). 따라서 기독교 세계는 실상은 세상일 뿐이다. 그래서 사도 요한은 "온 세상은 악한 자 안에 처[했다]6)"고 말했다(요일 5:19). 그리스도와 및 그리스도의 진리를 대적하는 것이 이제는 외부에서가 아니라 내부에서 나오고 있다. 그래서 그런지 더 치명적이다.

로마 가톨릭은 세상에 대한 권력을 가장 큰 목소리로 주창하는 곳이다. 로마 가톨릭에 대한 그림은 요한계시록 17,18장에 있다. 옛날 바벨의 권력을 상징하는 나무의 계승자로 자처하는 로마 가톨릭은 "큰 바벨론"으로 불린다(계 17:5). 외형상 그리스도

---

6) KJV는 악에 처해 있다(in wickedness)고 되어 있지만, 잘못된 번역이다. 사실 (세상은) 악한 자 안에 있다. 18절을 보라. 같은 단어가 사용되었다.

의 신부로 고백했지만 세상 나라들과 동맹을 맺은 죄로 심판을 받게 될 것이다. "그 음행의 진노의 포도주로 말미암아 만국이 무너졌으며 또 땅의 왕들이 그와 더불어 음행하였으며 땅의 상인들도 그 사치의 세력으로 치부하였도다."(계 18:3) 아! 이스라엘을 대적하는 자들의 권세를 입고서 이 여자는 하나님의 백성들을 향해 오래된 반감을 드러낸다. "또 내가 보매 이 여자가 성도들의 피와 예수의 증인들의 피에 취한지라 내가 그 여자를 보고 놀랍게 여기고 크게 놀랍게 여기니"(계 17:6)

이것은 알곡이 완전히 수확된 결과이다. 처음부터 이런 현상은 사도들의 시대에 이미 고린도교회에 나타났다. "너희가 이미 배부르며 이미 풍성하며 우리 없이도 왕이 되었도다 우리가 너희와 함께 왕 노릇 하기 위하여 참으로 너희가 왕이 되기를 원하노라 … 우리는 그리스도의 때문에 어리석으나 너희는 그리스도 안에서 지혜롭고 우리는 약하나 너희는 강하고 너희는 존귀하나 우리는 비천하여"(고전 4:8,10)

초대교회 시대에 작은 씨가 자라고 있었다. 사도들의 시대에도 초대 교회는 사도들의 가르침에서 떠나가고 있었고, 참 기독교는 너무도 속히 변질되어 갔다. 사도 바울은 자신의 성공적인 사역에도 불구하고 "아시아에 있는 모든 사람이 나를 버린 이 일을 네가 아나니"(딤후 1:15)라고 말해야 했다. 이러한 일탈 현상은 광범위하게 일어났다. 초대교회 시대로부터 1-2백 년 동안 기독교 역사를 살펴본 사람은 현재 기독교계의 모습과 너무도 닮은 점을 발견하게 될 것이다. 그렇다면 잠시 멈추어 자신이 속한 교회는 어떤 모습과 같은지를 스스로에게 물어 볼 수 있기를 바란다. 즉 사도의 가르침을 저버린 아시아에 있는 사람들 같은가 아니면 육신적인 고린도 교회와 같은가?

지금까지 이 비유에서 설명해온 내용은 왕이 부재해 있는 동안 일어나게 될 천국의 상태에 대한 외형적인 특징에 대한 것이다. 천국은 땅 속에 그 뿌리를 내리고 번성해왔다. 세상에서 그런 권세를 행사하는 것이 오늘날 기독교계의 모습이다. 훌륭한 신앙고백이라는 겉옷을 걸치고 그 속에는 온갖 위선자, 형식주의자, (성령의) 열매를 맺지 못하는 자들을 품어왔다. 사실 세상 자체인 것이다. 그리스도와 및 그리스도 십자가의 원수들이 기독교계의 품 안에서 육성되어 온 것이다.

가루 서 말과 누룩의 비유

이제 다른 비유를 통해서 더 깊고 더 내적인 측면을 살펴보자.

"또 비유로 말씀하시되 천국은 마치 여자가 가루 서 말 속에 갖다 넣어 전부 부풀게 한 누룩과 같으니라."(마 13:33)

항상 악을 상징하는 누룩

그렇다면 누룩은 무엇인가? 누룩은 성경에서 의외로 자주 등장하는 상징물이다. 그래서 신약성경에서 적용하고 또 설명하고 있는 사례들을 모으는 일이 그리 어렵지 않다. 무작정 우리의 상상력을 발휘하기 보다는 성경이 스스로를 해석하는 방식으로 접근하면 잘못 이해하는 일이 없을 줄로 안다.

이제 신약성경에서 누룩을 사용하고 있는 사례들을 보자.

"예수께서 이르시되 삼가 바리새인과 사두개인들의 누룩을 주의하라 하시니"(마 16:6)

그리고 12절에서 이것을 설명하고 있다. "그제서야 제자들이 떡의 누룩이 아니요 바리새인과 사두개인들의 교훈(the doctrine)을 삼가라고 말씀하신 줄을 깨달으니라"(12절)

마가복음과 누가복음에는 이와 유사한 구절이 있다.

"예수께서 경고하여 이르시되 삼가 바리새인들의 누룩과 헤롯의 누룩을 주의하라 하시니"(막 8:15)
"그 동안에 무리 수만 명이 모여 서로 밟힐 만큼 되었더니 예수께

서 먼저 제자들에게 말씀하여 이르시되 바리새인들의 누룩 곧 외식을 주의하라"(눅 12:1)

고린도전서 5장에서 사도 바울은 악한 사람을 내쫓지 않고 용납한 사실 때문에 고린도교회를 책망했다.

"적은 누룩이 온 덩어리에 퍼지는 것을 알지 못하느냐 너희는 누룩 없는 자인데 새 덩어리가 되기 위하여 묵은 누룩을 내버리라 우리의 유월절 양 곧 그리스도께서 희생되셨느니라 이러므로 우리가 명절을 지키되 묵은 누룩으로도 말고 악하고 악의에 찬 누룩으로도 말고 누룩이 없이 오직 순전함과 진실함의 떡으로 하자" (고전 5:6-8)

복음서에서 말하고 있는 누룩이 교리적인 악을 의미하고 있다면, 여기서 말하고 있는 "누룩"은 도덕적인 악을 의미한다. 갈라디아서 5장 9절은 교리적인 악을 가리킨다. "율법 안에서 의롭다 함을 얻으려 하는 너희는 그리스도에게서 끊어지고 은혜에서 떨어진 자로다…너희가 달음질을 잘하더니 누가 너희를 막아 진리를 순종하지 못하게 하더냐 그 권면은 너희를 부르신 이에게서 난 것이 아니니라 적은 누룩이 온 덩이에 퍼지느니라" (갈 5:4-9) 만일 우리가 성경을 그 해석자로 취하게 되면, "누룩"은 그것이 도덕적인 것이건 교리적인 것이건, 좋은 의미는 전혀 없고, 항상 악에 대한 상징인 것을 인정하지 않을 수 없다. 그렇다면 마태복음 13장의 비유에서 사용된 누룩이 무엇을 의미하는지를 결정하는 것이 가능해진다.

게다가 우리에게 결정적인 해석의 열쇠를 제공해주는 것은 레위기 2장이다. 레위기 2장은 여러 제사들 가운데, 생명을 취한 것도 없고 또 피를 흘리지 않고도 드릴 수 있는 유일한 제사인 소제로 시작하고 있다. (물론 모든 제사가 다 그리스도를 상징하고 있음을 따로 언급할 필요가 없을 줄 안다.) 소제는 고운 가루로 드리는 제사로, 그리스도의 속죄적인 죽음에 대한 상징이 아니라, 생명의 떡으로서 그리스도의 인격적인 아름다움과 그분의 흠 없고 완전한 인성을 하나님께 제사로 드린 것을 상징하고 있다. 그렇다면 소제는 무엇보다 하나님을 만족시켜 드린 그리스도를, 그래서 사람의 양식이 되신 그리스도를 상징하고 있는 것이다. 따라서 주님은 "나를 먹는 그 사람도 나로 말미암아 살리라"(요 6:57)고 선언하셨다.

이 소제물에 누룩은 절대 넣어서는 안되는 것으로 말씀하고 있다. "너희가 여호와께 드리는 모든 소제물에는 누룩을 넣지 말지니"(11절) 이처럼 성경은 항상 누룩을 악에 대한 상징으로 사용하고 있다. 따라서 누룩은 주님이 특별히 경계하고 있는 것에 대한 상징인 것이다. 이제 마태복음의 누룩에 대한 비유로 돌아

와서 보면, "가루 서 말"은 고운 가루로 드리는 소제를 의미하게 된다. 이 단어는 소제의 의미와 상통하고 있다. 가루는 단순하게 보자면 소제로 드리는 고운 가루처럼 사람의 음식이지만, 영적으로 해석하자면 그리스도(또는 그리스도의 무흠한 인성)을 가리킨다. 하지만 여기서 여자는 제사법에서 금지한 일을 하고 있다. 이 여자는 고운 가루에 누룩을 섞고 있다. 그렇다면 이 여자는 순수한 "생명의 떡"에 온갖 악하고 오류로 가득한 것들을 넣어서 변질시키고 있는 것이다.

큰 바벨론 - 그 여자

이 여자는 누구일까? 상징을 사용할 때에는 나름 의미가 있다. 에베소서 5장을 보면, 남편과 아내의 상징을 사용해서 교회가 그리스도의 아내로서 그리스도께 복종해야 할 것을 전달하고 있다. 그렇다면 여기 이 여자는 큰 바벨론이라는 상징을 사용해서 거대한 기독교계의 이미지를 전달하고 있는 것이다. 이와 맥락을 같이 해서 보면, 전체 비유는 매우 단순해진다. 이것은 현재 진행되어 가는 천국의 형세가 마침내 도달하게 될 최종적인 상황과 맞아떨어진다. 요한계시록 17장에 보면 이 여자는 잔에 취해 있는데, 이는 떡에 혼합물을 넣어 만국을 속였기 때문이다(계 14:8, 17:4-6, 18:3 참조). 바리새인의 누룩(율법주의와 미신)과 사두개인의 누룩(세속성과 이성주의), 헤롯의 누룩(세상과의 영합) 등은 단순히 과거에 있었던 일이 아니라, 현재에도 일어나는 일들이다. 이 모든 것들은 하나님의 진리에 무언가를 더하거나 (혼합시키거나), 또 빼는(변질시키는) 것이다. 우리 모두는, 각자 자신의 분별과 견해가 어떠하든지, 이 사실을 직시해야 한다. 로마 가톨릭 교회는 프로테스탄트 교회가 그렇게 했다고 주장할 것이다. 프로테스탄트 교회는 반대로 로마 가톨릭 교회를 비난하고 있다. 무수히 많은 이단 종파들은 서로 물어뜯고 있다. 이 교도들은 이렇게 반응한다. "우리는 그대들이 믿는 바에 대해 아무것도 모르오. 다만 서로 입장이 다르고 서로 일치를 보지 못하고 있음을 알고 있소. 그러니 가서 서로의 차이점에 일치를 보고 오시오."

누룩은 온 덩어리에 퍼진다. 악은 결코 약화되는 법이 없다. 다만 더욱 악해질 뿐이다. 그럼에도 하나님이 역사하신다. 주님이 기독교계 가운데서 자기의 백성을 소유하고 계시는 한, 상황은 극단으로 치닫지는 않을 것이다. 하지만 경향은 하향추세를 타게 된다. 일단 막는 자가 옮겨지면, (성경이 예고한 대로) 배도는 바로 시작될 것이다.

하지만 사람들은 이렇게 생각하고 싶어 하지 않는다. 만일 누룩이 항상 악한 것을 상징하고 있다면, 어떻게 천국이 누룩과 같을 수 있는가 하면서 의혹을 제기할 것이다. 따라서 이 질문에 대한 답변을 하고자 한다. 사람들은 흔히 누룩이 상징하는 바를 필자가 말해온 것과는 달리 생각하고 싶어 한다. 그래서 누룩을 좀 더 긍정적인 측면에서, 즉 '누룩을 세상에 침투해서 변화시키는 복음의 은밀하면서도 강력한 영향력을 상징하는 것으로 보면 안되는 것인가?' 하고 묻곤 한다.

그에 대한 필자의 대답은 이렇다.

1. 그러한 해석은 성경의 흐름과 맞지 않는다. 성경은 기독교가 세상을 실제적이고 영적으로 변화시키는 대신, "불법의 비밀"이 이미 사도들의 시대에도 역사했고, 죄의 사람이 등장하고 총체적인 배도가 일어날 때까지 계속해서 부패의 역사가 진행되어 가는 것으로 말하고 있다(살후 2장 참조).

1) 이것은 마태복음 13장에 있는 비유들이 내포하고 있는 의미와도 맞지 않는다. 이 비유들은 매우 소수만이 진리를 받아들일 것을 우리에게 보여주고 있다. 뿌려진 씨 가운데 3/4 정도가 아무런 열매를 맺지 못했다.
2) "천국은 마치 ~과 같다"는 식으로 사용된 언어는 천국이 누룩과 같다고 말하지 않고 오히려 "가루 서 말 속에 갖다 넣어 전부 부풀게 한 누룩과" 같다고 말한다. 이 비유는 어떤 하나의 측면에서 천국의 모습을 설명하는 것이지 단지 누룩 자체

가 천국과 같다는 말이 아니다.

이 사실을 두 번째 비유에서 사용한 언어와도 비교해보면, 이것이 담고 있는 진리를 확실히 볼 수 있을 것이다.

"천국은 좋은 씨를 제 밭에 뿌린 사람과 같으니"(24절)
"천국은 마치 여자가 가루 서 말 속에 갖다 넣어 전부 부풀게 한 누룩과 같으니라"(33절)

천국은 24절의 사람과 33절의 누룩과 비교되고 있다. 그렇다면 천국을 단순히 누룩과 비교하는 것은 더 이상 의미가 없는 것이 분명하지 않은가? 각 경우 비유를 통해서 우리에게 전달하고자 하는 것은 '닮은 모습'인 것이다. 그렇다면 천국이 나쁜 것이 아니다. 사실 누룩이 나쁜 것이다. 그렇다면 누룩은 좋은 것이 아니다. 사실 천국이 좋은 것이다. 천국의 현재 상태에 악한 것이 침투한 것이다. 그래서 심판이 필요한 것이고, 심판이 와야만 하는 것이다. 즉 심판은 천국 속에 들어온 잘못된 것을 바로 잡기 위한 것이다.

이렇게 해석하는 것이 비유들이 보여주고 있는 천국의 모습에 일관성을 준다. 누룩은 한결같은 악의 발전을 보여주기 위한 것이며, 결코 좋은 것이 아니다. 우선, 첫 번째 비유에서는 좋은 씨가 나쁜 결과를 만들어낸다. 그리고 나서 두 번째 비유에서는 나쁜 씨가 뿌려지고 엄청난 발전을 한다. 그러자 천국의 전체적인 모습과 형태가 세상 나라의 모습과 같은 형태로 변형된다. 이것이 바로 교회의 바벨론 포로상태인 것이다. 그리고 마지막으로 하나님 자녀들이 먹는 음식(말씀)이 조작되고 손상되고 또 변질됨으로써, 기독교 신앙은 이상한 결론을 맞이하게 되며, 완전한 배도가 일어나게 된다. 이제 그리스도는 전적으로 상실되고, 적그리스도가 등장하게 된다.

여기서 하나님께 감사할 것은, 어둠은 그 한계가 있다는 것이다. 마태복음 13장의 마지막 세 개의 비유에서, 우리는 이 모든 일의 다른 측면을 볼 필요가 있다. 이 모든 어둠 가운데서도 멈추지 않고 계속해서 진행되는 하나님의 역사를 볼 수 있어야 한다. 하나님의 모든 행사는 다 진실하여 우리에게 순전한 복을 가져다주고, 그분의 길에는 순전한 빛이 가득하기 때문이다.

제 9장 하나님의 계획과 목적

세 개의 비유를 더 남겨두고 있다. 이전 비유들보다 더 다양한 해석과 해석상 논란이 있기 때문에 이에 비례해서 더욱 세심한 주의가 필요하다. 이전 비유들은 허다한 무리들에게 말씀하신 것이고, 또 세상에서 총체적으로 일어나게 될 상태, 즉 오늘날 우리가 목격하고 있는 상황에 대해서 언급하신 것이었다. 이 네 가지 비유를 말씀하신 후, 그리고 나서 우리는 "이에 예수께서 무리를 떠나사 집에 들어가시니 제자들이 나아오는"(36절) 것을 보게 된다. 예수님은 바로 이 제자들에게만 이어지는 비유들을 설명해주셨다. 왜냐하면 이 비유들은 단지 외적인 역사에 대한 것이 아니라 이 모든 외적인 혼돈과 폐허 상태 가운데서도 성취되는 하나님의 마음을 담고 있기 때문이었다. 이전 비유들은 처음부터 그것을 예고하신 주님께서 일이 이렇게 진행될 것을 다 알고 계신다는 것을 보여준다.[7)]

우리 앞에 있는 비유들이 가진 의미와는 다르게 해석하고 있는 사례들이 많이 있지만, 굳이 언급할 필요는 없다고 본다. 다만 가능한 대로 성경 자체가 해석해주는 것을 따라가다 보면 성경을 참되게 해석하는 명확한 근거를 가지게 될 것이다.

밭에 감추인 보화의 비유

처음 두 개의 비유는 함께 살펴볼 필요가 있다. 서로 닮은 점을 통해서 비교해볼 때, 그 의미가 더욱 선명하게 드러나기 때문

---

7) 비유의 숫자가 이 사실을 말해준다. 7이란 숫자는 "모든 것"을 상징하는 완전수이다. 그래서 7일이란 숫자는 세상 창조가 7일 동안 이루어진 이래로, 완전을 의미하는 모형과 상징으로 사용되고 있다. 게다가 7이란 숫자는 4와 3으로 나누어진다. 4란 숫자는 보편성을 의미하며, 세상의 4방향, 즉 동서남북은 세상 전체를 가리키게 된다. 3이란 숫자는 하나님의 신성을 상징한다. 그래서 하나님은 세 위격(삼위일체)으로 존재하시는 것이다. 그렇다면 여기서 처음 네 개의 비유는 천국의 세상적인 측면을 말해주고, 나머지 세 개의 비유는 천국을 통해서 성취되는 하나님의 마음, 즉 신성한 측면을 말해준다.

이다.

"천국은 마치 밭에 감추인 보화와 같으니 사람이 이를 발견한 후 숨겨 두고 기뻐하며 돌아가서 자기의 소유를 다 팔아 그 밭을 사느니라."(44절)

극히 값진 진주의 비유

"또 천국은 마치 좋은 진주를 구하는 장사와 같으니 극히 값진 진주 하나를 발견하매 가서 자기의 소유를 다 팔아 그 진주를 사느니라."(45-46절)

이 두 개의 비유는 이런 점에서 공통점이 있다. 즉 자신의 눈에 가치 있는 것을 사고자 자신이 가진 모든 것을 희생한 사람의 행동을 그려내고 있는 것이다. 문제는, 이 사람이 누구인가 하는 점이다. 일치된 해석은, 이 사람은 구원을 추구하는 구도자일수도, 아니면 그리스도일수도 있다는 것이다. 여기서 우리는 자신이 바라는 한 가지를 얻고자 다른 모든 것을 기꺼이 포기할 수 있는 사람의 개인적인 노력에 대한 이야기를 볼 수 있다. 그렇다면 이것은 성경의 일관된 목소리와 일치하는 것인가? 과연 우리는 우리가 가진 모든 것을 다 희생해서 그리스도를 사야 하는 것인가? 물론 이사야 55장에 보면 "사라"(1절)고 권하는 이사야 선지자의 외침을 볼 수 있다. "오호라 너희 모든 목마른 자들아 물로 나아오라 돈 없는 자도 오라 너희는 와서 사 먹되 돈 없이, 값없이 와서 포도주와 젖을 사라." 여기서 "포도주와 젖"은 영적인 것들에 대한 상징인 것이 분명하다. 하지만 실수하지 말아야 하는 것은, 여기서 사라는 말은 "돈 없이 그리고 값없이" 사라는 것이다. 성경은 결코 구원을 돈 주고 살 수 있는 것처럼 제시한 적이 없다. 돌아온 탕자의 경우도, 굶주림으로 죽게 될 때까지 그는 구할 생각을 하지 않았다. 그가 거지꼴로 돌아온 것도 굶어 죽지 않으려는 자신의 필요 때문이었다. 사람은 항상 그렇다. 아버지께로 진정 돌아온 모든 사람은 이것이 사실인 것을 알고 있다.

그렇다면 성경에서 말하고 있는 보화와 진주를 찾는 사람, 상인, 그리고 장사는 주 예수 그리스도를 가리킨다. 두 개의 비유에 등장하는 인물은 분명 그리스도 외에는 그 누구도 아니다. 동일한 인물이 두 비유 모두에 제시되어 있으며, 다른 측면에서 동일한 일을 하고 있는 것이다.

우선 첫 번째 비유에서, 밭에 감춰진 것은 보화이며, 이것이 바로 상인이 원하는 것이었다. 우리가 가라지의 비유에서 해석한 대로, 밭은 세상이다. 그렇다면 세상 속에 보배로운 대상 - 세상에 속한 보화 - 이 있는 것이며, 그것을 발견하고 산 것이다. 그렇다면 이 비유에서 주님은 밭을 사신 것이다. 즉 세상을 사신 것이다. 주님은 밭에 숨겨진 보화를 얻고자 밭을 사신 것이다. 사실 사람은 그리스도를 얻고자 세상을 산 일이 결코 없다. 그렇다면 신자는 이 비유에서 말하고 있는 그 상인이 아닌 것이다.

그리스도는 진정 자신의 고난을 통해서 세상을 사셨는가? 마태복음 28장으로 가보면, 죽은 자 가운데서 다시 사신 주님에게서 "하늘과 땅의 모든 권세를 내게 주셨으니"(18절)라는 말씀을 들을 수 있다. 엄격하게 말해서 권세란 말은 능력이 아니라 권위이다. 그리스도는 부활을 통해서 온 세상에 대한 권리를 소유하신 것이다. "내게 구하라 내가 이방 나라를 네 유업으로 주리니 네 소유가 땅 끝까지 이르리로다"(시 2:8)는 말씀은 하나님께서 아들에게 열방에 대한 소유권을 주실 것에 대한 약속이었다. 따라서 그리스도는 지상 재림의 날에 자기 보좌에 앉으시고, 자기 왕국을 세우실 것이다. 이것은 하나님의 본체이신 분께서 자기를 낮추시고 십자가의 죽음에 이르기까지 자신을 낮추신 경이로운 겸비의 결과인 것이다. "이러므로 하나님이 그를 지극히 높여 모든 이름 위에 뛰어난 이름을 주사 하늘에 있는 자들과 땅에 있는 자들과 땅 아래 있는 자들로 모든 무릎을 예수의 이름에 꿇게 하시고 모든 입으로 예수 그리스도를 주라 시인하여 하나님 아버지께 영광을 돌리게 하셨느니라."(빌 2:6-11) 이것은 다소 충격적인 일이지만, 베드로가 말하고 있는 "자기들을 사신 주를 부인하고 임박한 멸망을 스스로 취하는 자들"(벧후 2:1)에 대한 적절한 설명이 된다. 이 사람들은 구속함을 받은 사람들이 아니라 다만 사신 바 된 사람들이다. 왜냐하면 그리스도의 고난의 결과로 모든 사람과 온 세상은 그리스도께 속하게 되었기 때문이다. 즉 십자가를 통해서 그리스도께서는 자신의 눈에 아름다운 것을 얻고자 자신이 가진 모든 것을 다 팔아서 세상을 샀던 것이다.

그렇다면 의심의 여지없이 이 두 개의 비유 가운데 핵심 인물은 바로 그리스도이시다. 그렇다면 우리는 비유 속에 제시된 그리스도 사역의 두 가지 측면을 비교해볼 수 있다. 보화의 비유에서, 밭은 세상이며, 그 속에 있는 보화를 얻고자 밭을 산 것임을 살펴보았다. 한편 진주의 비유를 보면, 밭을 사거나 한 것이 아니라 다만 진주 자체를 샀다. 그렇다면 보화와 진주, 이 두 가지 상징물은 같은 것의 다른 측면을 말하는 것일까 아니면 아예 다른 것을 말하는 것일까? 동일한 대상을 다른 측면에서 바라본 것일까? 아니면 아예 다른 대상인가?

이미 지적한 대로 이 두 개의 천국에 대한 비유가 유사성을 가지고 있다는 점을 잠시 생각해보고, 또 마태복음 28장에서 주님이 하신 말씀, 즉 "하늘과 땅의 모든 권세를 내게 주셨[다]"(18절)는 말씀을 연결지어보면, 천국은 두 개의 영역이 있다는 사실을 보게 될 것이다. 그리스도는 사실상 지금 "아브라함과 이삭과 야곱과 함께 천국에"(마 8:11) 앉게 될 사람들을 땅에서 불러내어 모으고 계신다. 물론 이것은 땅에 속한 복으로가 아니라 하늘에 속한 복으로의 부르심이다. 그리스도의 재림이 이루어지고 그리스도의 나라가 설립되기 전, 이 목적은 성취될 것이며, 하늘에 속한 성도들은 공중으로 휴거되어 주님을 만날 것이다. 반면에 땅에 속한 성도들, 즉 이스라엘의 남은 자들과 이방인 가운데 택함을 받은 자들은 지상으로 강림하신 주님에게로 모여들게 되고 땅에 속한 복을 누릴 것이다. 요한복음 11장 51,52절에 나타난 그리스도의 죽음의 두 가지 목적을 생각해보라. 그렇다면 독자는 그 해의 대제사장인 가야바가 유대인 공회 앞에서 상당히 영감어린 말을 한 것을 알게 될 것이다.

"이 말은 스스로 함이 아니요 그 해에 대제사장이므로 예수께서 그 민족을 위하시고 또 그 민족만 위할 뿐 아니라 흩어진 하나님의 자녀를 모아 하나가 되게 하기 위하여 죽으실 것을 미리 말함이러라"(요 11:51,52)

그렇다면 묻고 싶다. 과연 우리는 이 진주의 비유에서, 좋은 진주를 구하는 장사가 자기의 소유를 다 팔아 산 "진주 하나"가 바로 이러한 하나됨을 상징적으로 보여주고 있지 않은가? 그렇다면 앞에 있는 보화의 비유를 통해서는 보화가 예수님이 위하여 죽으신 이스라엘 민족을 상징하는 것으로 보는 것이 자연스럽지 않은가?

  그렇다면 한쪽 면에서 (땅에 속한 백성으로서) 이스라엘이 그리고 다른 쪽 면에서 (하늘에 속한 백성으로서) 교회가 있다. 이 둘은 땅에 속한 복과 하늘에 속한 복을 받은 그리스도의 천국 백성이다. 이방 나라가 이스라엘 민족과 함께 땅에 속한 복을 누리고, 과거 세대에 속한 (구약시대의) 성도들이 교회와 함께 하늘에 속한 복을 누리게 될 것이다. 교회와 이전 세대에 속한 성도들 혹은 이스라엘과 이방 나라들을 따로 언급해야만 하는 이유는, 이 둘을 같은 것으로 생각하는 사람들 때문이다. 사실 로마서 9장 4절에 따르면, 약속들은 이스라엘에게 속해있다. 이방인들은 보화의 비유 속에 포함되어 있는 것 이상으로 성경에 언급되고 있지 않다. 그럼에도 성경의 많은 구절들은 미래 이방인들이 받게 될 복에 대한 약속으로 가득하다. 이방인들은 지금은 멸시를 받고 있지만 장차 제사장 나라가 될 유대인들의 옷자락 아래로 들어오게 될 것이다(슥 8:23). 이제 다시 교회에 대해서 생각해보자. 오직 교회만이 하늘에 속한 복을 받은 백성으로서 명백하고도 확정적으로 계시되어 있다. 게다가 교회는 우리 앞에 있는 첫 번째 비유 가운데 복음의 씨를 뿌리는 일과 함께 시작되었으며, 지금 모으고 있는 (하늘에 속한) 천국의 백성인 것이다.

밭에 감추인 보화는 이스라엘이다

이제 밭에 감추인 보화의 비유를 자세히 살펴보자.

구약성경의 시편은 이렇게 말한다. "여호와께서 자기를 위하여 야곱 곧 이스라엘을 자기의 특별한 소유로 택하셨음이로다." (시 135:4) 이스라엘을 그렇게 선택하신 주께서 오실 때에야 비로소 자기 소유로 삼으실 것이지만, 그 어간에 그들이 여호와의 마음에서 멀어지는 시기가 잠시 있을 것이다. "여호와께서 이르시되 그 이름을 로암미라 하라 너희는 내 백성이 아니요 나는 너희 하나님이 되지 아니할 것임이니라"(호 1:9) 이미 오래전에 그들은 로암미로 불렸다. 그들은 지금 이방인 가운데 흩어져있다. 밭에 감추인 보화를 통해서 상징하고 있는 것은 이스라엘의 상태에 대한 묘사인 것이다. 이스라엘은 "조상들을 인하여 사랑을 입은 자"(롬 11:28)로서 돌봄을 받고 있지만, 그럼에도 이방인 압제자의 발아래 밟혀 있다. 오로지 주님께만 보배로운 존재로서 사모함을 받고 있다.

이 보화의 가치를 알아주는 한 분이 계셨다. 이스라엘에게 주신 이사야 선지자의 예언의 말씀, "임마누엘 즉 하나님이 우리와 함께 계시다"(사 7:14, 마 1:23)는 말씀을 성취하기 위해 탄생한 분이 계셨다. 그분이 탄생했을 때, 이방인들은 "유대인의 왕"으로서 공물을 가져와 바치며 경배했다. 왕께서는 이 보화를 발견하고, 그들에게 자신을 그들의 상황을 종결하고 그들을 그 숨은 처소에서 나오게 하고, 하나님의 호의와 기쁨의 대상으로 삼을 수 있는 신적인 권세를 가지신 분으로 소개했다. 하나님의 생각을 가장 잘 알았던 사람들은 하나님께서 이 보화를 파내어 만 천하에 그 모습을 선보이실 그 때를 항상 고대해왔다. 주님이 부활하신 이후 그들이 주님께 우선적으로 묻고 싶었던 질문은 그들의 마음에 오랜 동안 간직해왔던 것이었다. "주께서 이스라엘 나라를 회복하심이 이 때니이까?" (행 1:6)

그들은 주님이 승리자의 가장 겸손한 모습으로 어린 나귀를 타시고 백성들의 환호성 가운데 예루살렘 성에 들어가실 때에도, 그들을 위해서 빛났던 광채의 섬광이 사그라지고 또 정오의 한낮에도 갈보리 주변을 흑암으로 덮는 것을 보았을 때에도 깨닫지 못했다. 그들은 여전히 주님이 어떻게 이 모든 것 가운데서 중심이 되시고 또 주님의 비유 속에 등장하는 "남자"가 밭에서 보화를 발견하고, 다시 숨겨두고, 가서 자신이 가진 모든 것을 팔아 그 밭을 사게 된 기쁨을 이해하지 못했다.

보화는 여전히 감추인 상태에 있다. 갈보리 십자가는 지나갔다. 주님의 시신을 두었던 부자 요셉의 무덤은 비어있다. 그들은 감람산으로 불리는 곳에 서서 유대인의 왕으로 인정된 주님이

다윗의 보좌와는 다른 보좌를 받으시러 올라가는 것을 보았다. 그리고 나서 그들은 이스라엘 백성들을 거룩하고 의로운 주님을 부인한 죄를 물어 회개하고 돌이켜 죄 사함을 받으라고 종용하고 있다. 그리하면 그들을 떠나셨던 주님이 그들에게로 다시 돌아오실 것이며 주님의 임재를 통해서 만물이 새롭게 되는 날이 이를 것이다(행 3:14-19). 이제 이스라엘 공회 앞에는 한 남자가 서있다. 그 얼굴이 하늘의 영광으로 빛을 발하며, 대대로 죄를 지어온 이스라엘의 죄를 들어 그 민족의 지도자들을 책망했다. "목이 곧고 마음과 귀에 할례를 받지 못한 사람들아 너희가 항상 성령을 거스려 너희 조상과 같이 너희도 하는도다."(행 7:51) 그들은 스데반을 성에서 쫓아내었고 돌로 쳐 죽였다. 그들은 혼인 잔치에 청함을 받았지만 오기를 거절한 것이다.

예루살렘 성은 파괴되었고, 백성들은 흩어졌다. 이스라엘은 감추인 보화 상태로 있다. 이 비유에는 열매를 맺는 내용이 없다. 단순히 밭을 산 것이 전부이다. 하나님은 다만 "구하라 내가 네게 주리라."(시 2:8)고 말씀하신다. 이스라엘의 모든 사람이 만물을 소유하신 주님의 뜻을 기다리고 있다.

오히려 기다리는 분은 주님이시다. 주님은 마치 보화가 자기에게 아무것도 아닌 것인 양, 그리고 자신의 목적을 잊어버리신 양, 거의 20세기 동안 기다리고 계신다.

값진 진주는 교회이다

이제 두 번째 비유가 오래 지체된 것을 설명하는 방식으로 소개되고 있다. "극히 값진 진주 하나"란 주님의 마음 속에 품은 또 다른 사랑의 대상이 그분에게 얼마나 값진 것인가를 표현해준다. "그리스도께서 교회를 사랑하시고 위하여 자신을 주심같이"(엡 5:25), "자기의 소유를 다 팔아 그 진주를 샀느니라."(마 13:46) 이것은 세상인 밭에 관한 것이 아니다. 왜냐하면 교회는 하늘에 속해 있기 때문이다. 이스라엘은 다만 땅에 속한 약속을 가지고 있을 뿐이다. 하지만 교회는 "그리스도 안에서 하늘에 속한 모든 신령한 복"(엡 1:3)을 받았다.

이 교회는 하나의 통일체이다. 그래서 진주 하나로 상징되어 있다. 바다 깊은 곳에서 취한 조개에서 나온다. 단단한 껍질에 싸여 있다가 조개의 생명이 희생됨으로써만 얻을 수 있다. 진주는 이방 나라의 바다에서, 거친 자연 환경에서 나오지만, 창세 전에 그 가치를 보고 선택하신 그리스도의 생명 값으로 살만큼 하나님께 가치 있음을 상징하고 있다. 이렇게 진주를 얻고자 그리스도께서 치르신 희생이 얼마나 큰 것이었는지, 그분의 죽음이 그것을 입증해준다. 그리스도인만이 그러한 주님의 마음을 공통적으로 또한 자연스럽게 이해할 수 있으며, 그분의 마음이 그대로 자기 백성에게 전달될 수 있다는 것을 보는 것은 너무도 달콤

하다. 사랑하는 동료 신자들이여, 우리는 그리스도의 값진 진주이다. 이 비유에선 다시 숨겨두는 것이 없다. 게다가 이것은 "극히 값진 진주 하나를 만나매 가서 자기의 소유를 다 팔아 그 진주를"(마 13:46) 사고자 그리스도께서 져야만 했던 십자가의 두 번째 의미이다.

제 10장 영원한 복음

바다에 치고 각종 물고기를 모는 그물의 비유

"또 천국은 마치 바다에 치고 각종 물고기를 모는 그물과 같으니 그물에 가득하매 물가로 끌어내고 앉아서 좋은 것은 그릇에 담고 못된 것은 내어 버리느니라 세상 끝에도 이러하리라 천사들이 와서 의인 중에서 악인을 갈라내어 풀무 불에 던져넣으리니 거기서 울며 이를 갊이 있으리라 이 모든 것을 깨달았느냐 하시니 대답하

되 그러하오이다"(마 13:47-51)

    마지막 세 개의 비유에서는, 알곡과 가라지가 혼합되어 있는 기독교계라는 밭을 수확하는 측면이 아니라 전혀 새로운 측면이 부각되어 있다. 여기서는 은혜를 받느냐 또는 심판을 받느냐의 문제이다. 이 일은 상인이 진주를 자기 소유로 삼고 난 이후, 즉 과거와 현재 시대의 성도들이 그리스도께로 휴거된 이후에 일어나는 일이다.

    비유는 주님의 지상 재림의 때에 집행되는 심판으로 마친다. 대개 사람들은 이 비유를 현 시대에 복음이 전파되어 나가다가 주님이 오실 때 좋은 것과 나쁜 것을 최종적으로 구분하는 것으로 해석한다. 그렇다면 이 비유의 의미는 가라지의 비유와 다를 것이 없게 된다. 그러한 해석이 옳지 않은 데에는 몇 가지 합당한 이유가 있다.

    우선, 그러한 해석은 두 개의 비유를 병행 구조로 사용한 것 때문에 맞지 않다. 바다에 그물을 치는 그림은 앞서 주어진 그림의 단순 반복이 아니다. 그런 해석은 자연스럽지 않다.

    그 보다 이 비유는 성경이, 천국 복음의 전파와 그 결과 인자가 오실 때 이루어질 차별적인 심판 및 현 시대 복음의 전파와 기독교계의 가라지의 심판을 설명하고 있는 것으로 보아야 한다. 마태복음 25장에서 양과 염소의 무리는 이에 대한 사례이다. 인자가 자기 영광으로 올 때에는 양의 민족과 염소의 민족을 구분하게 되는데, 이것은 참된 그리스도인과 거짓된 그리스도인을 나누는 것이 아니다. 기독교신앙을 고백하는 사람들 가운데 참된 그리스도인들은, (대환난 전에 휴거되었기 때문에) 골로새서 3장 4절과 유다서 14절에서 말씀하는 대로, 그 날에 그리스도께서 세상을 심판하러 오실 때에는 함께 임하게 될 것이다. 기독교계의 심판은 한 자리에 모아놓고 분리하고 나누어서 심판을 집행하는 것이 아니다. 왜냐하면 이미 알곡은 밭에서 옮겨졌고, 밭에는 오로지 가라지만이 남을 것이기 때문이다. 이것이 기독교계에 대한 심판이다. 그렇다면 마태복음 25장에서 모든 민족을 불러모아 놓고 양의 민족과 염소의 민족으로 가르는 것은 가라지와 알곡을 나누는 문제일 수가 없다.

현 시대의 성도들이 주님께로 휴거된 이후, 기독교계는 온통 가라지 세상이 될 것이고, 그렇다면 주님의 새로운 사역, 즉 땅에 속한 복에 참여하게 될 한 백성을 불러 모으는 사역이 이스라엘과 그 주변 나라들 가운데서 시작될 것이다. 이것은 하나님의 심판이 땅에 집행됨으로써 땅의 거민들이 공의를 배우게 되는 것을 의미한다. 이 시기는 마태복음 24장에서 설명하는 대로, 이스라엘 민족에게는 대환난의 시기가 될 것이다. 적그리스도가 출현하게 되고, "멸망의 가증한 것"이 거룩한 곳에 서게 될 것이다. 그 때는 모든 악이 활동하며 세상 모든 사람들에겐 슬픔의 시기가 될 것이고 또한 "영원한 복음"(계 14:6)이 전파될 것이다. 이 영원한 복음은 오늘날 전파되는 은혜의 복음과는 다른 것이다. 영원한 복음의 내용은 이렇다. "하나님을 두려워하며 그에게 영광을 돌리라 이는 그의 심판하실 시간이 이르렀음이니 하늘과 땅과 바다와 물들의 근원을 만드신 이를 경배하라."(계 14:7)

지금은 은혜가 전파되는 시기이다. 아직은 심판의 시기가 이르렀다고 말할 수 없다. 우리는 지금 심판의 날이 아니라, "은혜 받을 만한 때요…구원의 날"(고후 6:2)을 전파한다. 현재 이 시대가 끝난 후에야 비로소 영원한 복음이 전파될 것이다. 그렇다면 영원한 복음은 내용상 천국 복음과 같지만 거기에다가 하나님의 심판의 때에 대한 새로운 증거가 더해진 것이다.

주님이 오시고 인자의 보좌 앞에서 양과 염소를 나누는 근거가 되는 것이 바로 이 영원한 복음인 것이다.

영원한 복음이 땅 끝까지 이방인들에게 전해진다

이제 이 비유를 잠시 살펴보자. 이 비유는 영원한 복음이 전파되는 가운데 진행되는 상황을 보여준다. 바다에 그물을 치고 물고기를 모는 그림은 불법한 사람들이 곳곳에 넘쳐나는 세상에서 이 영원한 복음이 전파되어 나갈 때 서로 충동을 일으키면서 시끄럽고 어수선한 분위기를 느끼게 해준다. 그래서 성경은 "악인은 능히 안정치 못하고 그 물이 진흙과 더러운 것을 늘 솟쳐내는 요동하는 바다와 같[다]"(사 57:20)고 말한다.

게다가 성경에서 사용하고 있는 최초의 상징을 보여주고 있는 창세기 1장으로 돌아가 보면, 우리는 이 사실을 확인할 수 있다. 처음 창조의 시기에 우리는 하나님께서 혼돈하고 공허한 상태에서 아름다운 창조의 역사를 날마다 진행해가시다가, 마침내 안식에 들어가시는 연속적인 단계를 볼 수 있다. 모든 것이 심히 좋았기 때문이다. 아담의 타락으로 인해서 참혹하고 비참하게 된 상태에서, 주님이 다시 한번 세상을 아름답게 하시는 최종적인 목표, 즉 더 이상 혼돈이 없고 모든 것이 심히 좋기에 하나님이 안식하실 수 있는 상태를 향해 한 단계씩 진행해나가시는 역사를 이처럼 그림과 모형을 통해서 볼 수 있게 하신 것은 참으로 놀라운 일이다. 각각의 날들은 나름대로 의미가 있지만, 여기서는 그 세세한 의미를 밝히지는 않겠다. 하지만 셋째 날에 천하의 물을 한 곳으로 모으고 뭍이 드러나게 하심으로써 뭍을 땅으로, 모인 물을 바다라 칭하신 것은 이방인 가운데서 이스라엘 민족을 구분해내실 것을 상징적으로 보여주고 있다(창 1:9,10). 소금물과 파도 뿐인 바다는 "육체의 욕심을 따라 지내며 육체와 마음의 원하는 것을 하여 "본질상 진노의 자녀" 상태로 버림받게 된 인간들, 즉 이방인들8)을 상징하고 있다. 반면 이스라엘은 하나님이 선택하시고 또 하나님이 경작하시는, 그래서 열매를 기대하시는 "땅(뭍)"이다. 처음 세 개의 비유를 통해서 우리는 이스라엘이 하나님이 땅 속에 감춰둔 보화인 것을 살펴보았듯이, 이 셋째 날이 이방인 중에서 이스라엘을 구분해내실 것을 상징적으로 보여주고 있다.

이제 장면은 모두 땅에서 이루어지고 있다. 우리가 이미 진주의 비유를 통해서 살펴본 것처럼, 그 다음 창조의 날은 우리에게 하늘의 준비를 알려준다. 만일 해가 그리스도를 상징하는 것이라면(물론 사실이지만), 그래서 해가 낮을 가져오고 또 낮을 다스리는 것이라면, 달은 바로 교회를 상징하면서, 그리스도께서 부재해 계신 이 어두운 세상에서 비록 연약하고 또 불안정하지만, 그럼에도 그리스도의 영광을 반영해서 비추고 있다. 그렇다면 넷째 날은, 현재 시대 뿐만 아니라 장래 영광의 시대에, 그리스도와 교회의 관계를 상징하고 있는 것이다.

이제 여섯째 날로 가보자. 여섯째 날은 장래 그리스도의 나라를 상징하고 있다. 남자와 여자, 즉 사람이 세상을 통치하는 것

---

8) 요한계시록 17장 15절과 비교해보라.

이다. 그렇다면 여섯째 날은 천년왕국의 복에 대한 상징인 것이다.

마지막으로 안식일이다. 이 날은 하나님 자신이 안식하는 날이다. 하나님은 그 일곱째 날을 거룩하게 하셨고 축복하셨다. 다른 날에는 안식하실 수 없었다.

이제 넷째 날과 여섯째 날 사이, 즉 교회와 천년왕국 시대 사이에 무엇이 끼어 있는가? 매우 짧은 기간이지만, 요한계시록 22장 가운데 열세개의 장을 차지할 만큼 중요한 기간이 끼어 있다. 바로 그물의 비유에서 언급하고 있는 내용들이 일어나는 기간이다. 그래서 다섯째 날이 이 기간을 상징하고 있다면 그에 대한 모형은 무엇일까? 다시 바다를 생각해보면, 물은 초자연적으로 하나님의 명령에 의해서 생명으로 가득하고 물에서 번성하는 모든 생물로 충만한 곳이다. 따라서 요한계시록 7장은 이스라엘 자손의 지파 가운데 14만 4천에 더하여 큰 환란에서 나오는 수를 셀 수 없는 큰 무리를 증거하고 있다. 이 허다한 사람들은 영원한 복음이 전파된 결과로 땅에 속한 복을 받기 위해서 선택된 사람들인 것이다.

그렇다면 그물의 비유를 소개하고 있는 마태복음 13장과 요한계시록 7장의 본문은 이방인들에 의해서 불법으로 특징지어지고 또 이스라엘 민족은 이 시기 동안 비록 하나님이 그들 가운데 은밀히 역사하고 계시지만, 아직은 하나님의 소유된 백성으로 회복되지 않았기에 이러한 불법에 동참하고 있는 시기를 상호 확증해주고 있다. 그물을 바다에 치면, 그물에는 다양한 종류의 물고기로 가득해지고, 그래서 그물이 가득해지면 바닷가로 끌어낸다.

이 일이 끝나면 좋은 것과 못된 것을 분류하는 일이 시작된다. 즉 "그물에 가득하매 물가로 끌어내고 앉아서 좋은 것은 그릇에 담고 못된 것은 내어 버리느니라."(마 13:48) 이 구절은 우리에게 좋은 것과 못된 것을 분류하는 일이 이 천국 복음이 전파되는 동안에는 시작될 수 없음을 보여준다. 이 일이 일어나려면 그물이 물가로 끌어내어져야 한다. 이렇게 해석하는 것이 주님이 이 비유를 설명하신 것과 같아진다. 즉 주님은 "세상 끝에도 이러하리라 천사들이 와서 의인 중에서 악인을 갈라내어"(49절)라고 해석해주셨다. 이 일은 천년왕국의 지복(至福)에 들어가기 전에 땅을 정화하는 작업을 가리킨다. 데살로니가전서 4장에서 사도 바울이 설명하고 있는, 자기 백성을 위해서 오시는 주님의 공중 재림의 때에 성도들이 휴거되는 사건은, 악인 중에서 의인을 갈라내는 것이지 의인 중에서 악인을 갈라내는 것이 아니다. (공중 재림의 시기에는) 의인들은 휴거되고 악인들이 남는 것이다. 하지만 그물의 비유는 그 반대이다. 악인들이 제거되고 의인들이 남는다. (이렇게 남은 사람들은 천년왕국에 들어가게 된다.) 바로 여기에 영감된 말씀의 신적인 정확성이 있다. 말씀은 정밀하기에 극히 상세한 부분까지 집중하는 사람에겐 엄청난 보상을 해준다. 성경은 가라지로 가득한 기독교계의 심판에 대해서 "그들이 그 나라에서 모든 넘어지게 하는 것과 또 불법을 행하는 자들을 거두어 내어 풀무 불에 던져 넣으리니"(41,42절)라고 말하고 있으며, "천사들이 와서 의인 중에서 악인을 갈라 내어 풀무 불에 던져 넣으리니"(49,50절)라고 말하고 있지 않다. 이는 참 성도들은 이미 휴거되었기 때문이다. 반면 "의인 중에서 악인을 갈라내는 것"은 그와는 반대로, 의인들은 땅에 남겨두고, 악인들은 심판을 통해서 데려가는 것이다. 그렇다면 여기서 의인들은 하늘에 속한 복을 유업으로 얻기 위해서 하늘로 옮겨지는 것이 아니라, 오히려 땅에 속한 복을 유업으로 받도록 땅에 남겨지는 것이다.9)

우리는 지금까지 마태복음 13장에 소개되어 있는 일곱 개의 예언적인 비유를 살펴보았다. 이 천국의 비유는 짧지만 매우 중요한 시기에 일어나는 일들을 망라하고 있다. 우리는 땅이 마지

---

9) 병행 구절들에는 마태복음 24장 37-42절과 누가복음 17장 24,37절이 있다. 구약성경 가운데 특별히 시편에는 의인 중에서 악인을 갈라내는 것을 언급하는 구절들이 많다. 예를 들어서, 시 1:4,5, 37:9-11. 그리고 말라기 4:1-3을 보라.

막 큰 구원에 들어가기 직전 산고를 참는 시기를 지나고 있다. 하지만 천국에 대한 일곱 개의 예언적인 그림을 통해서, 현재 천국의 왕이 부재해 계신 시기가 필연적으로 끝나게 될 것을 확실히 볼 수 있었다. 이스라엘 민족과 더불어 땅이 복을 받는 것은 천국의 왕께서 함께 하는 것으로 시작된다. 그렇다면 "나라와 참음"(계 1:9)이 끝나고 세세 무궁한 "나라와 영광"이 시작될 것이다. 따라서 참음과 영광 사이에는 이처럼 확실한 연결고리가 있다는 것을 마음에 잘 새기는 것은, 나라와 영광에 이르는 확실한 길이다.

저자소개

프레드릭 W. 그랜트
(Frederick W. Grant, 1834-1902)

프레드릭 W. 그랜트는 1834년 7월 25일, 런던의 퍼트니에서 태어났다. 그의 회심은 홀로 성경을 읽는 중에 일어났다. 그는 육군성의 장교가 되려는 목적으로, 킹스 칼리지에 들어갔다. 그는 졸업 후, 본래 목적을 이루지 못하자 캐나다로 건너갔다. 이때 그의 나이 21세였다. 그때 영국 국교회는 캐나다에 교회를 시작했는데 그랜트를 교구목사로 봉직시켰다. 그랜트는 세칭 플리머스 형제단(Plymouth Brethren)에 속한 작가들의 저서를 읽다가 교회는 국가와 분리되어야 한다는 성경의 원리를 영적인 빛처럼 보았고, 목사직을 사임했다. 잠시 캐나다 토론토에 있다가 미국으로 건너갔으며, 브룩클린에 살다가 뉴저지 주 플레인필드에 정착했다. 그는 미국 형제교회 지도자로 자리매김하게 된다.

그랜트는 성경을 깊이 있게 연구했으며, 영감 받은 하나님의 말씀이 총체적으로 경이로운 조화를 이루고 있음을 발견했다. 그 결과 끊임없는 연구와 인내 속에서 마침내 "숫자 성경(the Numerical Bible)"이 탄생하게 되었다. 그후 그랜트는 「미래 상태에 대한 사실과 그에 대한 다양한 신학사상」, 「신약성경의 빛으로 본 창세기」, 「자연세계에 숨겨진 영적인 법칙」, 「면류관 쓰신 그리스도」라는 책을 썼고, 그 외에도 다양한 소책자를 써서 대서양 건너편에 이르기까지 큰 영향을 미쳤다.

그랜트의 삶에 나타난 거룩한 열정과 그를 불태운 열망은 모든 거듭난 사람들에게 그리스도를 더욱 귀한 분으로, 하나님의 말씀을 더욱 진리의 말씀으로 다가오도록 해주었고, 더욱 사랑하고, 더욱 읽고, 더욱 공부하도록 해주었다.

천국의 비밀

제 2부
베드로의 사역과 바울의 사역의 차이

아달벨트 펄시 세실 경
(Lord Adalbert Percy Cecil, 1841-1889)

제 1장 천국의 사역자 - 베드로

    하나의 왕국은 대영제국과 같이 왕을 정부의 수장으로 모신 백성들로 이루어진 국가 연합체를 의미한다. 다윗 시대에 이스라엘 왕국은 다윗의 통치에 충성하는 이스라엘 백성들의 연합체였다. 다윗이 그들의 왕이었다. 그렇다면 천국(the kingdom of the heavens)는 하늘의 통치에 순종하는 땅에 있는 백성들의 연합체를 가리킨다. 반면 하나님의 나라는 하나님의 통치를 가리킨다. 그렇다면 천국은 보다 객관적인 측면이, 하나님의 나라는 보다 주관적인 측면이 강조되어 있다. 그렇다면 천국은 하늘에 있는 왕과 보다 밀접한 관계를 지니며, 하나님의 나라는 이 땅에 임해있는 하나님의 임재와 밀접한 관계를 가진다. 이 두 가지가 복음서에서 말하고 있는 왕국에 대한 일반적인 특징이다.

이스라엘이 여호와를 섬기는데서 우상 숭배로 기울어지고, 주님의 보좌가 예루살렘을 떠났을 때, 땅에 대한 통치권(the government of the earth)은 이방인에게로 넘어갔다. 그래서 바벨론의 느부갓네살 왕이 이방 나라에 대한 첫 번째 통치의 군왕이자, 최고의 모델이 되었다. 하늘의 하나님은 느부갓네살 왕에게 권력과 통치와 권세를 주셨다. 하지만 예루살렘에서 하나님의 임재를 상징하는 영광스러운 구름, 쉐키나는 거두셨다. 그리고 하나님은 자신을 하늘의 하나님으로 부르셨다. 하나님은 여호수아의 영광스러운 군대가 요단강을 건널 때 함께 하셨던 것과 같이 이제는 더 이상 땅의 하나님이 아니다. 하지만 이방인 통치자들은 하나님이 자신들에게 주신 권세를 악용했다. (사람들은 항상 이랬다.) 그들은 (다니엘서에서 보는 대로, 그 생긴 모습처럼) 실제적으로 야생 짐승들처럼 행동했으며, 장차 그리스도께서 오실 때까지 계속 그렇게 행동할 것이다. 하지만 그리스도께서 오시고 나라를 세우시면 그들은 하늘의 통치가 과연 어떤 것임을 알게 될 것이다.

따라서 우리는 구약성경에서 왕국이 취하고 있는 세 가지 모습을 볼 수 있으며, 세 가지 왕국 형태가 열왕기상하, 역대상하, 그리고 다니엘서에 나타나 있는 것을 볼 수 있다. 첫 번째 주의 나라(왕국)은 바벨론 포로 시대까지 다윗의 손을 거쳐, 솔로몬과 그들의 후계자들에게로 이어진다. 두 번째, 왕국은 이방인의 통치로 넘어가게 되고, 네 개의 연속되는 제국, 즉 바벨론(Babylonish), 메대-바사(Medo-Persian), 헬라(Grecian), 그리고 로마제국(roman empires)으로 이어진다. 세 번째, 말세에 하늘의 하나님은 결코 쇠하지 않을 하나의 왕국을 세우시는데, 이것이 바로 천년왕국이며 그리스도께서 이 땅을 통치하러 다시 오실 때 세워질 것이다.

하지만 왕이 통치하기 위해서 오시기 전에, 마태복음에서 분명하게 설명하고 있는 것처럼, 왕은 먼저 여호와-구주로, 고난당하는 메시아로 오셔야만 했다. 그리스도는 예언을 따라서, 때가 차매, 다윗의 참 아들로, 아브라함의 아들로, 예루살렘 보좌의 합법적인 계승자로, 하나의 국가로서의 이스라엘에게 하신 약속을 성취하는 분으로 오셨지만(마 1:1 참조), 이스라엘에 의해서 거절당하셨다. 그래서 그리스도께서 왕으로서 직접 통치하시는 왕국은 연기되었고 또한 이스라엘이 그리스도를 거절한 결과로 새로운 형태를 띠게 되었다. 천국의 열쇠는 천국의 위대한 사역자(as the great administrator)인 베드로에게 맡겨졌다. 천국은 왕이 거절을 당하시고 (그 결과 십자가에 못 박히시고 부활하심으로써) 이 땅을 떠나 하늘로 승천하신 결과로 비밀스러운 형태를 띠게 되었고, 모든 민족에게 가서 전파하라는 명령을 받았다.

"예수께서 나아와 말씀하여 이르시되 하늘과 땅의 모든 권세를 내게 주셨으니 그러므로 너희는 가서 모든 민족을 제자로 삼아 아버지와 아들과 성령의 이름으로 세례를 베풀고 내가 너희에게 분부한 모든 것을 가르쳐 지키게 하라"(마 28:18-20)

따라서 유대인, 사마리아인, 이방인들이 침례를 받음으로써 왕의 명령에 순복할 때, 그들은 천국의 시민이 된다. 천국은 더욱 확장되어 오늘날 기독교계를 이루고 있다. 머지않아 교회가 완성되면, (교회는 휴거되고) 천국은 정화(淨化) 과정(purging process)에 들어갈 것이며, 모든 불법이 깨끗이 청소되고, 심판이 집행될 것이며, 이스라엘은 회복되고, 왕이 다시 오실 것이며, 큰 권능 속에서 그리스도의 왕국이 세워질 것이고, 교회는 왕이신 그리스도와 더불어 천년동안 통치하게 될 것이다.

천년왕국 끝에 가서 모든 권세와 능력과 통치가 그리스도를 대적해온 모든 것을 평정하게 되면, 모든 죽었던 악인들이 다시 살리심을 받을 것이며, (크고 흰 보좌에서) 심판을 받고, 결국 그들은 모두 불 못에 던져질 것이다. 그리고 나서 아들께서는 자신의 왕국을 하나님 아버지께 바치실 것이며, 이로써 하나님은 만유의 주로서 만유 가운데 만유가 되실 것이다. 이때가 바로 영원한 나라(Eternity)이다. 영원한 나라는 천국이 아니라, 영원히 존재하게 될 하나님의 나라이다. 지금까지 왕국에 대한 총체적인 그림을 간략하게 제시해보았다. 이제 좀 더 구체적으로 들어가 보자.

다니엘 2장 44절은 이렇게 말한다.

"이 여러 왕들의 시대에 하늘의 하나님이 한 나라를 세우시리니 이것은 영원히 망하지도 아니할 것이요 그 국권이 다른 백성에게로 돌아가지도 아니할 것이요 도리어 이 모든 나라를 쳐서 멸망시키고 영원히 설 것이라."

하늘의 하나님은 예언을 따라서 결코 망하지 아니할 네 번째 제국의 시기에 한 왕국을 세우실 것이다. 이것은 분명 메시아 왕국을 가리킨다. 이 그리스도의 왕국은 이방 통치의 마지막 형태인 열 개의 제국으로 분립되는 로마 제국에 이어서 세워지게 될 것이다.

하지만 이미 말했듯이, 왕께서 통치하기 위해서 이 땅에 오기 전에 왕께서는 고난 받는 구주이신 예수 그리스도로서 먼저 오서야만 했다. 그래서 성경은 한 처녀가 잉태하여 아들을 낳을 것이며, 그 이름을 임마누엘로 부르도록 예언되어 있었다. 임마누엘의 뜻은 하나님이 우리와 함께 하신다는 의미이다. 이것이 바로 마태복음의 핵심 주제이며, 마태복음 1장이 우리에게 소개하는 내용이다. 인자는 완전한 의미에서 시험을 받을 필요가 있었고, 권능 가운데 왕국이 세워지려면 메시아의 죽음과 부활이 절대적으로 필요했다.

창조와 양심의 빛 아래서 율법 없이 시험을 받은 이방인은 불법한 자로 드러났다(롬 1:18, 2:1-16). 율법 아래서 시험을 받은 유대인은 율법을 깨뜨렸다(롬 2:16-29). 이제 왕께서 은혜로 오셨고, 자신을 아브라함의 아들이자 다윗의 아들로 소개하시면서 이스라엘에게 주신 약속들을 성취하고자 하셨다. 이스라엘 민족은 그분을 영접했는가 아니면 거절했는가? 그리스도는 이사야의 예언을 성취하기 위해서 베들레헴에서 나셨다. 이방인들이 그분의 빛을 따라 나왔고, 동방에서 그분의 출생을 기념하기 위해서 왔다. 아, 배도자 에돔 왕, 헤롯이 그 땅을 다스리고 있었고, 그는 새로 태어난 왕을 살해하고자 했다. 이것은 예레미야의 예언을 이루는 것이었다(마 2:17,18). 그리스도께서는 이집트로 피난을 가셨고, "애굽으로부터 내 아들을 불렀다"(마 2:15, 호 11:11)는 호세아의 예언을 따라서 이스라엘의 역사는 새롭게 시작된다.

이스라엘 민족은 그리스도를 영접할 준비가 되어 있지 않았다. 세례 요한이 그분의 길을 예비하는 메신저로서 보냄을 받았다. "회개하라."고 세례 요한은 사람들에게 외쳤다. 이는 천국이 가까이 왔기 때문이다. 그 결과 허다한 사람들이 죽음의 자리에 들어갔고, 회개의 세례(침례)를 통해서 요단강에서 심판의 자리로 들어갔다. 그리고 왕의 오심을 기다렸다. 바리새인들은 요한의 세례(침례)를 거부했다. 갑자기 왕께서 나타나셨지만 자기 백성의 죄를 대신지시고 수난 당하시는 예수로 먼저 자신을 나타내셨다. 이스라엘의 하나님께서 자기 백성의 죄들을 위해서 죽으시기 위해서 사람이 되어 오신 것이며, 모든 의를 이루시기 위해서 사망의 자리에 들어갔다가 다시 나옴으로써 회개한 남은 자들과 자신을 일치시키셨다. 이에 하늘은 그리스도를 하나님의 사랑하시는 아들로 선포했고, 성령님은 그 직분을 이루시도록 기름을 부으셨다.

그리스도는 이제 성령으로 이끌림을 받아 마귀에게 시험받으시기 위해 광야로 들어가셨다. 그리스도는 기적을 통해서 자신의 굶주림을 해결하기를 거절하셨고, 같은 방법으로 자신이 유대인들에게 메시아이심을 증명하는 것도 거절하셨다. 게다가 때가 되기도 전에 마귀의 손에 있던 세상 나라들을 되돌려 받고자, 성전 꼭대기에서 뛰어내리는 것도 거절하셨다. 사탄은 떠났고 기름부음을 받으신 분은 성령의 능력에 이끌려 갈릴리로 돌아오심으로써, 이제 이스라엘 백성들로 하여금 회개하라고 외치면서 천국을 전파하셨다. 그리스도께서는 마태복음 5, 6, 7장에서 자신의 왕국의 의로운 원칙들을 선언하셨다. 마태복음 8장과 9장에서는 자신이 기름부음을 받은 자임을 입증하는 증거들을 제시하셨다. 마태복음 10장에서는 주님과 동일한 복음을 전파하도록 제자들을 보내셨다. 하지만 거절을 당했고, 이에 마태복음 11, 12장에서는 자신을 거절한 도시들을 향해 재앙과 화를 선언하신다. 더러운 영들이 떠남으로써 청소되고 텅 비게 된 (이스라엘) 집은, 요나와 솔로몬보다 더 크신 분이신 왕을 영접하기를 거절함으로써, 결과적으로 더 큰 심판을 받게 될 것이다. 모든 자연적인 (혈연) 관계들이 이제는 부정되었다. 제자들만이 그리스도의 형제요 자매요 모친이다.

우리는 마태복음에서 이처럼 선명한 구분을 볼 수 있다. 왕께서는 자신을 자기 민족에게 제시했지만, 실제적으로 거절을 당하셨다. 마태복음 13장은 천국의 새로운 국면이 도래했음을 설명하고 있다.

씨 뿌리는 자가 나가서 씨를 뿌렸다. 그는 밭에다 씨를 뿌렸다. 밭은 세상으로 해석되었다. 새로운 일이 시작되었고 새로운 국면으로 들어가게 되었다. 마태복음 13장은 우리에게 천국의 비밀이라고 불리는 것을 소개해준다. 천국은 왕께서 유대 민족에게 거절을 당하신 결과로 왕국이 새롭게 취하게 된 형태이다. 일종의 서문처럼 씨 뿌리는 비유로 시작되는 일곱 가지 비유를 통해서, 천국의 발전과 현재 시대에 나타나는 모습이 소개되고 있다. 그렇다면 천국의 현재 형태는 사람의 마음에 말씀을 뿌리는 것으로 시작된다. 알곡과 가라지의 비유를 통해서 우리는 천국이 이 땅에 설립되는 것을 볼 수 있다. 밭은 세상을 가리킨다. 이와 더불어 이 땅에 세워지는 천국을 대적하기 위해서 원수도 가라지를 심는다. 그렇다면 천국은 심판을 통해서, 그리고 이 세대의 끝에 가서 가라지를 뽑아내는 정화 과정으로 마치게 된다. 그리스도의 종들로 자처하는 사람들이 세상에서 가라지를 뽑아내기 위해서 시민 권력을 사용하는 것은 나쁜 본보기로 소개되고 있다. 즉 물리적인 힘을 사용해서 이단에 속한 사람들을 죽이는 것을 여기서는 금하고 있다. 여기 마태복음에서 말하고 있는 가라지를 뽑아내는 것은 악한 사람들을 교회에서 출교시키는 것과는 상관이 없다(고전 5:13). 반면에 교회는 악한 사람들을 쫓아내어야 하며, 이것은 교회의 의무이다. 가라지를 제거하는 것은 세상에서 이단을 뿌리 뽑는 것, 즉 죽음에 넘기는 것을 가리킨다. 교황과 및 제도권 교회 사람들은 주님의 말씀과는 달리 종종 이런 권세를 남용해왔다. 알곡과 가라지 모두 추수 때까지, 이 세대의 끝까지 그냥 두어야 한다. 천사들이 와서 의인, 의로운 사람, 즉 이 현재 세대 동안 구원받은 사람 중에서 악인을 갈라낼 것이며, 의인들은 천국의 하늘에 속한 부분, 즉 아버지의 나라에서 해처럼 빛날 것이며, 인자이신 주님은 비로소 가시적인 왕으로서 이 세상을 통치하실 것이다.

세 번째 비유, 즉 겨자씨의 비유는 세상에서 처음에는 작은 것으로 시작했으나 외적으로 엄청난 성장을 이룬 천국의 모습을 보여준다. 부정한 것들을 상징하는 공중의 새들이 와서 그 가지에 깃들였다. 즉 천국의 외형 속에 숨어들었다.

누룩의 비유는 보이지 아니하는 가운데 서서히 퍼지는 누룩의 작용 또는 순수한 음식을 악한 누룩에 의해서 변질시키는 역사를 보여준다. 여기서 순수한 음식은 하나님의 말씀을 상징하고 있다. 떡 덩이에 누룩이 침투해서 전체를 부패시키듯 참된 진리 속에 거짓된 교리를 혼합시킴으로써 기독교계 전체를 부패시키는 것이다.

이어지는 두 가지 비유는 집에서 제자들에게 주어졌다. 우리는 보화와 진주의 비유를 통해서 천국의 내적인 측면을 보게 된다. 그리스도께서는 보화를 발견하고는, 세상 속에 숨겨두고 자신이 가진 모든 것을 다 팔아서 밭을 샀다. 좋은 진주를 구하던 그리스도는 극히 값진 진주를 발견하매 자신의 소유를 다 팔아 그 진주를 샀다. 오, 이것은 교회를 향한 그리스도의 사랑을 놀랍도록 그려내고 있다. 세상 속에 숨겨두었지만, 그리스도께 아름다운 존재인 교회를 설명하고 있는 것이다! 그리스도께서 우리를 얻으시기 위해서 지불하신 대가가 얼마나 큰 것인지를 깨닫게 하소서!

마지막으로, 천국은 바다에서 건져 올린 그물과 같다. 여기서 바다는 허다한 물고기를 담고 있는 열국(the nations)을 가리키는데, 좋은 것과 나쁜 것이 섞여 있다. 마지막 때에 그물은 물 가로 끌어내어질 것이며, 좋은 것은 그릇에 담고 나쁜 것은 내버림을 당할 것이다. 이 비유에 대한 설명은 알곡과 가라지의 비유처럼 거의 동일한 결과를 초래하게 되는데, 좋은 것은 결국 천년왕국의 지상 백성으로 들어가게 될 것이다. 우리가 항상 기억해야만 하는 것은, 이 일곱 가지 비유는 천국에 대한 비유이지, 교회에 대한 비유가 아니라는 점이다. 사실 교회는 이전에, 즉 대환난 이전에 하늘로 옮겨질 것이다. 따라서 마태복음 13장은 구주 예수님의 공생애 시기부터 마지막 때까지 천국에 대한 간략한 스케치를 보여준다. 천국은 말씀을 뿌리는 것으로 시작되었고, 그리고 세상에 세워졌다. 깨어 경성하지 못했기에, 가라지가 심겨짐으로써 천국은 혼합된 특징을 띠게 되었다. 외적으로 천국은 거대한 나무가 되었고 숨겨진 누룩의 영향 때문에 총체적으로 부패하게 되었다. 하지만 보화와 진주 같이 세상에 숨겨진 천국의 실체도 있다. 비록 외적이긴 하지만 그리스도의 지상 재림 직전 이방 민족들을(the nations) 불러 모아 양과 염소를 구분하는 것 같이 최종적으로 좋은 것과 나쁜 것의 분리가 이루어질 것이다.

마태복음 16장에서 주님은 표적 보이기를 청하는 바리새인들에게, 오직 요나의 표적, 즉 자신은 배 밖으로 던졌지만 하나님의 능력으로 다시 살아난 표적 외에는 보이기를 거절하신다. 그리고 나서 주님은 제자들에게 바리새인들과 사두개인들의 악한 교리(가르침)를 조심하라고 경계하신다. 주님은 그것을 누룩으로 비유하셨다. 그리고 자신을 주목하도록 하심으로써 첫 번째, 주님은 제자들에게 자신에 대한 사람들의 견해를 물으셨다. 그리고 두 번째로, 제자들의 생각을 물으셨다. 베드로는 그분을 하나님의 기름부음을 받으신 자, 살아계신 하나님의 아들로 고백했고, 이어서 주님은 베드로를 칭찬하시며, 역사상 최초로 베드로의 이 신앙 고백 위에 세우실 교회, 곧 음부의 문들이 결코 이기질 못할 교회에 대한 계시를 주신다. 주님은 또한 베드로에게 열쇠들을 넘겨주신다. 즉 우리가 이미 마태복음 13장에서 살펴본 것처럼 그리스도께서 거절당하신 결과로 새로운 형태를 띠게 된 천국의 행정권(administration of the kingdom of heaven)을 상징하는 열쇠를 주시며, 제자들에게 더 이상 유대인들을 향해서 주 예수님께서 기름부음을 받으신 분이심을 증거하지 말도록 명하신다. 그리고 나서 주님은 십자가에 대해서 말씀하시는데, 천국과 교회가 세워지는데 반드시 있어야 하는 일로 설명하신다. 마태복음 16장 후반부에서 소개하고 있는, 영광스러운 왕국에 이르는 길은 실제적인 자기 부인과 십자가를 지고 그리스도를 따르는 것으로만 가능하다. 우리가 변화산에서 그리스도께서 장차 천년왕국에서 입으실 영광에 대한 예표로서 그 나타난 모습을 본 것처럼, 그 후에야 권능으로 왕국이 세워지게 될 것이다.

따라서 그리스도의 교회와 베드로의 행정 아래 있는 천국은 땅에서 이스라엘의 자리를 대신하게 되었다. 둘 다 세상에서 십자가에 못 박히셨으나 하나님의 능력으로 다시 살아나신 그리스도에 토대를 두고 있다. 권능과 영광으로 가득한 왕국은 때가 되면 임할 것이지만, 영광으로 충만한 왕국에 이르는 실제적인 방법은 거절당하신 그리스도와 하나됨을 이루고, 십자가를 지고 또 그리스도를 따름으로써 된다.

그렇다면 그리스도께서 세우실 교회는 천국의 비밀스럽고 내적인 영역을 차지하게 된다. 그리스도는 교회를 세우시며 또 자기 손으로 교회를 지키고 보호하신다. 기초석이신 그리스도를 중심으로 산 돌들이 모여, 죽으셨다가 다시 살아나셨으며 또한 하늘에 오르신 그리스도 위에 쌓여감으로써 신령한 집으로 건축된다. 이 신령한 집은 오직 참된 그리스도인들만이 속한다(벧전 2:4,5). 그리스도께서 이 신령한 집을 세우시고 또 자신의 손으로 보호하신다. 마귀는 교회를 파괴하려고 하지만 헛되이 자신의 힘만을 허비할 뿐이다. 이 집의 기초석 또는 터는 이스라엘 민족으로부터 거절당하셨으나 영광 가운데 부활하신 메시아이시다. 영광의 보좌에 앉아 계신 그리스도께서는 영광 가운데 살아계신 하나님의 아들로서 나타나시고, 믿는 모든 사람들에게 영생을 주시며, 그들을 하나님의 가족으로 품어주시고, 또한 아버지를 계시해주신다.

마태복음 17장의 변화 산의 장면은 천국의 세 번째 측면을 그림처럼 보여준다. 즉 영광과 엄위 가운데 임하실 메시아의 재림과 더불어 권능과 영광으로 세워지게 될 미래 왕국의 모습이다.

예수님은 베드로, 야고보, 그리고 요한을 따로 불러 산으로 데리고 가셨고, 그들 앞에서 변화되셨다. 그분의 얼굴은 해 같이 빛났고, 그분의 옷은 빛과 같이 희어졌다. 율법을 대표하는 모세와 선지자를 대표하는 엘리야도 왕국의 영광 가운데 그리스도의 수행원으로 빛을 발했다. 제자들은 예수님과 더불어 산 위에 서 있었다. 그렇게 구약성도들과 신약성도들이, 죽은 자 가운데서 부활하거나 또는 죽음을 보지 않고 하늘로 휴거됨으로써, 천국의 하늘에 속한 부분에 참여하게 될 것이다. 환난 성도들은 땅에 속한 부분에 참여하게 될 것이고, 하늘에 속한 성도들은 예수님과 더불어 땅에 속한 성도들을 다스리게 될 것이다. 베드로후서 2장 16-18절에 따르면 이것은 무슨 공상적인 이야기가 아니다.

"우리 주 예수 그리스도의 능력과 강림하심을 너희에게 알게 한 것이 교묘히 만든 이야기를 따른 것이 아니요 우리는 그의 크신 위엄을 친히 본 자라 지극히 큰 영광 중에서 이러한 소리가 그에게 나기를 이는 내 사랑하는 아들이요 내 기뻐하는 자라 하실 때에 그가 하나님 아버지께 존귀와 영광을 받으셨느니라 이 소리는 우리가 그와 함께 거룩한 산에 있을 때에 하늘로부터 난 것을 들은 것이라"(벧후 2:16-18)

베드로는 베드로후서에서 주님의 말씀을 확증하고 있다. 즉 변화산은 인자가 하늘로서 강림하실 때, 즉 지상 재림 시에 왕국이 권능 가운데 세워질 것에 대한 예시적인 그림을 보여주고 있다. 시편 8편은 인자의 손에 우주적인 통치권이 주어질 것을 예언하고 있는데, 바로 여기서 그에 대한 그림을 볼 수 있다.

종합해보면, 마태복음 1장에서 12장까지는 천국이 유대민족에게 제시되었지만 거절당한 것을 보여준다. 마태복음 13장은 메시아께서 거절당하신 결과로 일어나게 될 천국의 모습을 스케치해주며, 말세에 천사들이 와서 모든 불법한 것들을 그리스도의 나라에서 제거하실 것과 선한 것과 악한 것을 분리시키고, 심판을 통해서 악한 것을 정결하게 할 것을 보여준다. 마태복음 16장은 그리스도의 교회가 세워질 것이고 동시에 사람들을 불러 모음으로써 천국의 실제를 이루는 내적인 부분(내부 그룹)을 형성하게 할 것이며, 음부의 문이 결단코 이기지 못할 것이고, 이와 동시에 베드로에게 천국의 열쇠 혹은 천국의 행정권이 부여되었다는 것을 보여준다. 마태복음 17장은 변화 산의 장면을 통해서 주 예수 그리스도의 (지상)재림과 다시 살아난 성도들과 휴거된 성도들이 함께 그리스도와 더불어 지상에 있는 성도들을 통치하게 될 것을 보여준다. 이 마지막 측면은 인자의 재림에 의해서 실현될 것이다. 이 모든 것이 천국의 모습이다. 천국은 처음에 전파되었지만 거절당하였고, 지금은 왕께서 하늘로 승천하심으로써 이 현재 시대 동안 비밀한 형태로 존재하지만, 최종적으로 왕의 귀환(재림)에 의해서 그리스도의 왕국은 바로 이 땅에 권능 가운데서 세워지게 될 것이다.

마태복음 17장 22-23절은 왕께서 거절을 당하실 것을 다시 언급하고 있으며, 마태복음 18, 19, 20장은, 왕이 거절된 결과로 비밀스러운 형태로 존재하게 된 천국의 현재적 원칙들을 소개해주고 있다. 천국에 들어가려면 반드시 회심이 있어야 하며, 어린아이처럼 되어야 한다. 천국에서 큰 자가 되려면 어린아이와 같이 자신을 낮추어야 한다. 이러한 정신은 시험을 거치게 된다. 그리스도의 이름으로 한 어린아이를 영접하는 사람은 그리스도를 영접하는 것이며, 예수님을 믿는 가장 어린 사람을 실족시키는 사람은 차라리 연자 맷돌을 그 목에 걸어주고 깊은 바다에 빠뜨리는 것이 그에게 더 나을 것이다. 인자는 잃어버린 자들을 구원하기 위해서, 심지어 어린아이까지도 구원하기 위해서 오셨다. 따라서 그들도 천국에 참여한다. 이것은 마태복음 19장 13,14절에서 재확인되고 있다. 마태복음 18장 중반부에는, 왕국에서 형제들 사이에 분쟁이 일어났을 때 어떻게 해야 하는가에 대한 원칙을 언급하고 있는데, 그 말미에 교회를 언급하고 있다. 바로 교회에 묶고 푸는, 권징의 권세가 맡겨졌다. 두 세 사람이 주 예수 그리스도의 이름으로 모이는 곳에, 그리스도는 그들 가운데 계신다(마 18:20). 어린아이의 정신, 즉 은혜와 용서의 정신은 바로 지금 천국의 백성으로 고백하는 모든 사람들의 특징이 되어야 한다. 따라서 교회는 다시 한번 천국의 중심이 되는 내부의 핵심 그룹(the inner circle)으로 나타나고 있다.

창조 질서 상 결혼은 매우 중요한 것이며, 그 원리는 보존되어야 했다. 그 원리란, 하나님이 남자와 여자를 하나 되게 하셨고, 따라서 결혼 관계는 음행의 이유 외에는 결코 풀 수 없는 것이다. 재물에 대해서 율법은 부자가 되는 것을 허용하고 있고, 재물은 경건한 유대인들에겐 축복의 징표였다. 하지만 이제 왕께서 거절을 당하셨기 때문에, 재물은 버려두고 왕을 따라야 한다. 이것이 영생에 들어가는 길이며, 말세에 권능 가운데 세워지는 왕국에 들어가는 길이다.

마태복음 21장에서 23장까지는 최종적으로 왕이신 주님을 이스라엘에게 제시하고 또 거절당하시는 것을 보여준다. 왕께서 배신을 당하시고, 십자가에 못 박히시고, 장사지낸바 되셨다가, 제 삼일에 죽은 자 가운데서 다시 살아나셨다. 그리고 왕께서 갈릴리에서 그분의 가련한 남은 자들 가운데 나타나심으로써, 이제는 그들을 자기 형제들로 부르기를 부끄러워하지 않으신다. 왕이신 주님께 하늘과 땅의 모든 권세가 주어졌다. 주님은 제자들을 갈릴리에서 시작해서 모든 민족을 제자삼고, 아버지와 아들과 성령의 이름으로 세례(침례)를 주도록 파송하신다. 아버지와 아들과 성령의 이름으로 베푸는 세례(침례)는 그 날 이후로 왕의 재림 때까지 지속되어야 하는, 천국과 연결되는 가장 중요한 예식이 되었다.

사도행전은 우리에게 유대인에 의해서 왕께서 거절당하신 이후 전개되는 이스라엘 나라의 설립과 유대인과 이방인으로 구성되는 교회의 설립을 설명한다. 주께서 이스라엘 민족에게 그 나라를 회복하시는 때가 지금인지에 대한 제자들의 질문에, 주님은 때와 시기는 아버지께서 자기의 권한에 두셨기에 너희는 알 바가 아니라고 답변하신다. 하지만 제자들은 성령님이 임하신 후에는 권능을 받게 되고, 예루살렘과 모든 유대 지역과 사마리아와 땅 끝까지 이르기까지, 그리스도의 증인이 될 것이다. 주님은 땅에 임한 성령님의 임재가 얼마 동안은 유대교의 자리를 대신할 것을 암시하셨고, 따라서 왕국을 이스라엘에 회복시키고 또 권능으로 세우시는 일이 당분간 진행되지 않을 것이다.

　이제 주님은 하늘로 승천하셨고, 천사들은 주님이 가신 방법 그대로 다시 오실 것을 암시하는 말을 했다. 제자들은 다시 예루살렘에 돌아와 아버지의 약속하신 것을 기도하며 기다리게 된다. 사도행전 2장은 오순절 날에 성령님이 강림하시고, 하나님의 교회가 형성된 이야기를 소개해준다. 천국의 위대한 사역자(the great administrator of the kingdom)로서 베드로는 매우 중요한 메시지를 전했다. 베드로는 자신이 증거하고 있는 주님의 영광에 대해서 진술하면서 예수, 그리스도, 그리고 주님, 이렇게 세 가지 이름을 사용해서 경이로운 강론을 펼쳤고, 예수님을 거절한 죄를 유대인들에게 추궁했다. 그리고 이 예수를 하나님이 시편 110편에서 말하고 있는 주님, 시편 16편에서 말하고 있는 그리스도가 되게 하셨다고 선언했다. 주님은 다윗이 말한 바, 죽은 자 가운데서 다시 살아나심으로 다윗의 보좌에 앉으신 분이셨으며, 자기 원수들로 발등상으로 삼기까지 하나님의 우편에 앉아 계시는 분이셨다. 마음에 찔림을 받은 허다한 사람들은 "형제들아 우리가 어찌 할꼬?"라고 물었다. 이에 베드로는, 하나님의 기름부음을 받은 자를 거절한 그 무서운 죄를 회개하고, 예수 그리스도의 이름(속)으로 세례(침례)를 받으라고 말했다. 그리하면 죄 사함을 받을 것이고 또 성령을 선물로 받게 될 것이며, 이 약속은 너희와 너희 자녀들과 모든 멀리 있는 사람들과 게다가 주

우리 하나님이 얼마든지 부르시는 자들에게 하신 것이라고 선언했다. 이러한 호소의 결과로 삼천 명이 말씀을 받아들였고 거절당하신 왕의 이름으로 세례(침례)를 받았다. 이는 그리스도의 주재권을 인정한 것이다. 그리스도의 죽으심과 부활로 인해서 그들은 유대 민족에서 분리되어 나옴으로써 새로운 기반 위에 서게 되었다. 천국은 새로운 형태로 설립되었고, 하나님이 주와 그리스도가 되게 하신 그리스도의 대의에 순종하며 세례(침례)를 받은 모든 사람은 거절당하신 왕의 새로운 백성(신하)이 되는 것이었다. 그렇다면 신자의 자녀들도 천국에 참여한다. 성령님은 회개하고 세례(침례)를 받은 결과로 임하며, 그러한 사람들을 그리스도의 몸인 교회 안으로 들어가게 하신다. 사도행전 3장에서 베드로는, 만일 유대 민족이 회개하면 하나님은 예수님을 다시 보내실 것이며, 이스라엘에게 권능으로 왕국을 세우실 것이고, 동시에 성도들의 죽은 몸을 다시 살리실 것이라는 증거를 덧붙인다. 이러한 증거는 거절되었고, 스데반의 순교로 마치게 된다.

나는 독자들에게, 베드로의 사역을 통해서 세워지고 경영되는 천국과 우리가 이미 마태복음 16장에서 살펴본 것처럼 그리스도께서 산 돌들을 가지고 친히 세우시며 또한 성령에 의해서 세례를 받은 사람들로만 형성되는 교회의 차이점을 구분하는 것이 중요하다는 점을 다시 한번 강조하고 싶다. 그리스도께서 세우시는 교회와 천국을 혼동하게 되면, 로마 가톨릭 교회의 거대한 영향력 아래 끌려들어가게 되며, 베드로의 천국 경영권을 가톨릭 교회에 독점적으로 적용시킨 결과로 가톨릭 교회가 그리스도의 몸임을 말하는 동시에, 가톨릭 교회 밖에 있는 모든 사람들은 정죄를 받게 된다. 스스로 그리스도인임을 자처하는 모든 사람들은 문제를 해결하기 위하여, 세례(침례)를 통해서 모든 사람이 거듭나게 되고(중생하게 되고) 또한 그리스도의 지체가 된다고 주장하는데 이르게 된다. 하지만 이제 사도행전을 살펴보면, 우리는 세례(침례)가 교회에 가입하는 절차가 아니라, 항상 천국에 입장하는 일과 연결되어 있는 것을 볼 수 있다. 교회에 더해지는 유일한 길은 성령의 세례이다(고전 12;13, 행 2:4). 아나니아와 삽비라는 항상 그리스도의 지체였을까 의심을 받았지만, 세례(침례)를 통해서 그들이 (교회가 아니라) 천국에 들어온 것에는 의심이 없었다.

이제 사도행전 8장은 문제를 보다 명확하게 해준다. 스데반의 죽음 이후, 예루살렘 교회는 사도들 외에는 흩어지게 되었다. 빌립은 사마리아로 내려가서 그들에게 기름부음을 받으신 그 그리스도[1]에 대해서 전파했다. 독자들은 요한복음 4장에서 주님이

---

[1] 관사가 그리스도 앞에 붙을 때마다, 이는 특별히 그리스도의 공적인 직분을 가리킨다. 즉 선지자, 제사장, 그리고 왕의 직분을 가진 그리스도를 의미한다. 이에 대해서 구약성경은 항상 말했다. 사도행전 8장 5절에는 관사가 접두어처럼 사용되었다.

사마리아 여자에게, 자신이 기름부음을 받은 자인 것을 증거하셨지만, 주로 선지자와 제사장의 직분에 대해서 언급하신 것을 기억할 것이다. 선지자는 구원에 대한 하나님의 마음 속 계획을 계시하는 측면을, 제사장은 예배의 방식의 변화에 대해서 증거하는 측면을 보여준다. 하지만 빌립의 증거를 보면, 의심할 바 없이, 그리스도를 세상이 거절했지만, 하늘에 높이 오르셨고 장차 통치하러 오실 하나님의 왕으로 증거했다. 빌립은 그 그리스도를 그들에게 전파했다. 사람들은 귀를 기울여 들었고, 그들 중 마술사 시몬 마구스가 있었다. 그들이 빌립이 전파한 하나님 나라를 믿었을 때, 그들은 예수 그리스도의 이름으로 남자나 여자 할 것 없이 모두 세례(침례)를 받았다. 그들은 그렇게 믿음과 세례(침례)를 통해서 천국으로 들어왔다. 하지만 16절에 보면, 우리는 그들이 주 예수님의 이름으로 세례(침례)를 받았을 뿐 그들 가운데 어느 누구에게도 성령님이 내리신 일이 없었다는 것을 보게 된다. 그들은 그리스도와 주님이신 그분의 이름 앞에 굴복하고 세례(침례)를 받았지만, 그럼에도 성령을 받지 못했다. 이후에 그들은 사도들, 베드로와 요한에게서 안수를 받을 때 성령을 받게 된다. 시몬 마구스는 천국으로는 들어왔지만, 교회로는 들어오지 못한 것이다.

여기서 우리는 예수님을 기름부음을 받으신 분이며 주님으로 믿는 사람들은 천국의 외적인 그룹(outer circle)을 형성하며, 그들만의 특권과 책임을 부여받는 것을 볼 수 있다. 천국의 외적인 그룹에 속한 사람들은 또 다른 세례를 필요로 하는데, 그것이 바로 성령의 세례이다. 이 성령의 세례를 통해서 하나님의 교회 안으로 들어오게 된다. 여기서 필자는 한 가지 덧붙이고 싶은 내용이 있다. 즉 로마 가톨릭, 영국 국교회(앵글리칸), 그리고 그리스 정교회들의 (가톨릭의 전통을 강조하며 교회의 권위·의식을 존중해야 한다는) 고교회파의 주장에 반기를 든 많은 그리스도인들이 사실은 또 다른 극단으로 가서, 그들은 교회가 실제적인 그리스도의 몸이라는 교회 진리는 수용했지만 하나님 집과 천국의 외적인 영역(the outer circle of the kingdom and of the house of God)에 대한 교리는 부인했다. 이러한 그리스도인들에게 물 세례(침례)는 지상에서 그리스도의 실제적인 몸을 형성하는 일과 연결되어 있다. 즉 그들은 세례(침례)를 통해서 그리스도의 지체가 된다고 믿는다. 혹은 중도파 그리스도인들은 교회의 지체가 되는 것은 믿음의 고백에 있으며, 세례(침례)는 구원받은 이후에, 즉 신자들에게만 시행해야 한다고 주장한다. 그들은 이에 대한 근거로 사도행전 10장을 예로 든다. 거기서 베드로는 천국의 사역자(the administrator of the kingdom)로서, 천국의 문을 최초의 이방인인 고넬료에게 열어준다. 이 경우, 고넬료와 그의 가족은 물로 세례(침례)를 받기 전에 성령으로 세례를 받게 된다. 따라서 그들은 이것이 오늘날 우리에게 적용되는 바른 순서라고 말한다. 하지만 나는 독자들에게, 이것은 특별한 경우도 아니고

순서의 문제도 아니라고 말하고 싶다. 다만 유대인 뿐만 아니라 이방인을 천국 안으로 받아들이는데 있어서 베드로의 편견을 깨뜨리기 위해서 취해진 조치였을 뿐이다. 베드로는 겸손케 되기 위해서 특별한 환상을 필요로 했던 것이다. 만일 성령님께서 고넬료와 그의 가족이 말씀을 받을 때 인치지 않으셨다면, 베드로는 분명 그들에게 물로 세례(침례)를 주는 것을 꺼렸을 것이다. 하지만 하나님이 하신 역사를 보고 베드로는 이렇게 말했다.

"이 사람들이 우리와 같이 성령을 받았으니 누가 능히 물로 세례 베풂을 금하리요?"(행 10:47)

그리고 나서 베드로는 제자들에게 주님의 이름으로 세례(침례)를 베풀라고 명했다.

거의 대부분의 경우, 물세례(침례)는 성령을 선물로 받는 것보다 앞서 일어났다. 바울의 경우는 여기서 제외되지만, 이것도 확실한 것은 아니다(행 9:17,18, 22:12-16). 여기서 필자는 믿음을 개입시키고 싶지 않다. 성인의 경우, 믿음은 거듭남이 전제되어야 하기 때문이다. 어쨌든 우리는 마태복음 28장에서 사도들이 천국의 대사명을 받았지만 이것을 수행하는 일에 전적으로 실패한 것을 본다. 그래서 하나님은 하나님의 특별한 메신저로서 사울, 곧 바울을 일으키셨다. 이제 사도 바울의 사역을 살펴보자.

제 2장 교회의 사역자 - 바울

　사도 바울은 우리가 데살로니가와 고린도에서 증거한 그의 가르침(강론)을 볼 때, 거절당하신 왕을 전파하는 일도 게을리 하지 않은 결과로, 회심자들은 세례(침례)를 통해서 천국 안으로 들어갔을 뿐만 아니라, 동시에 하나님의 집과 그리스도의 몸의 실제 속으로 들어갈 수 있었다. 이렇듯 사도 바울은 하나님의 집과 그리스도의 몸이라는 이중적인 측면을 강조하면서 교회의 위대한 사역자로서 사역했던 것이다.

바울이 받은 사명은, 이방인들이 세례(침례)를 통해서 지상에 설립된 천국으로 들어갈 뿐만 아니라, 하늘 영광에 들어가신 그리스도에게서 받은 복음을 통해서 그리스도 안에서 하나님의 약속에 참여함으로써 유대인 신자들과 더불어 그리스도 몸의 지체가 되고, 공동 상속자가 되고, 공동의 특권에 참여하게 하는 것이었다. 따라서 바울은 그리스도의 몸인 교회의 위대한 사역자(the great administrator of the church)였다. 에베소서 3장을 읽어보라. 이 내용이 에베소서에 전개되어 있다. 에베소서에서 성도들은 세 가지 관계 속에 있다. 첫 번째, 우리 주 예수 그리스도의 아버지 하나님과의 관계이다. 에베소서 1장에서 하나님은 하나님의 아들과 및 하늘 가족과 연결되어 있는 하나님의 모든 계획과 목적을 알리신다(엡 1:1-15). 두 번째, 몸의 머리이신 그리스도와의 관계이다(엡 1:19-23). 세 번째, 지상에서 하나님의 거하실 처소를 지으시고 또 그 속에 거하시는 성령님과의 관계이다(엡 2:19-22). 이러한 것들이 다른 세대에서는 사람의 아들들에게 알리지 아니하시고 감추어 오셨으나 이제 그분의 거룩한 사도들과 선지자들에게 성령으로 나타내신 계획과 목적이다(엡 3장). 즉 이방인들이 천국에서 복을 받는 것은 선지자들에겐 알려지지 않은 주제였다. 이 사실이 현재 세대를 언급할 때마다 반복해서 언급되고 있다.[2] 하지만 천년왕국에서 이스라엘은 이 땅에서 모든

---

2) 서신서에서 구약성경을 인용한 것을 보면, 예언의 성취 보다는 원칙적인 면이 부각되어 있다. 성취는 천년왕국에서 이루어질 것이다.

복을 받은 가장 위대한 국가, 중심 국가가 되고, 이방인들은 이스라엘을 섬기는 열방이 될 것이다. 여기에 계시처럼 열린 또 다른 내용이 있다. 즉 우리 하나님 아버지께서는 기름부음을 받으신 그리스도께서 거절을 당하시고 또 통치하기 위해서 다시 오시는 재림 사이에 하늘에 속한 가족을 불러내고 계신다는 것이다. 하나님은 곧 창세 전에 그리스도 안에서 우리를 택하사 우리로 사랑 안에서 그 앞에 거룩하고 흠이 없게 하셨다. 하나님은 그 기쁘신 뜻대로 우리를 예정하사 예수 그리스도로 말미암아 자기의 아들들이 되게 하셨다. 하나님은 우리를 그 사랑하는 자 안에서 받아주셨고, 우리는 그리스도 안에서 그의 피로 말미암아 구속 곧 죄 사함을 받았다. 하나님은 때가 찬 경륜, 곧 장차 오는 세대를 위하여 예정하신, 이 모든 자기의 뜻과 목적을 알리셨고 장차 하늘에 있는 것이나 땅에 있는 모든 것을 다 자기 아들을 중심으로 통일을 이루실 것이며, 그리스도 안에서 이 모두가 하나님의 뜻과 목적의 열매로서 자신의 기업을 누리게 하실 것이며, 이 모든 영광의 나타남 속에서 그리스도와 더불어 공동 상속자가 되게 하실 것이다. 그리스도인들은 이미 성령으로 인침을 받았기에, 성령님은 장차 하나님의 아들이 중심되어 빛을 발하실 영광 속으로 그들도 들어가게 될 것을 보증하시는 뜻에서 그들 마음 속에 복된 인장(印章)이 되신다. 에베소서 1장의 끝부분에서, 성도들이 이처럼 영광스러운 미래에 대한 전망이 흐려질 것을 염려한 사도 바울은 이처럼 경이로우신 하나님, 곧 주 예수 그리스도의 하나님, 영광의 아버지에 대하여 이해하는 지혜와 총명을 주시도록, 그리고 하나님의 부르심의 소망이 무엇이며, 성도들에게 주신 하나님의 기업의 영광의 풍성함이 무엇이며, 믿는 자들에게 베푸신 하나님 능력, 성도들에게 기업을 주신 능력이 얼마나 큰 것이며 또 그리스도를 다시 살리시고 사람으로서 하늘에서 대천사장 보다 높은 곳에 앉게 하시고 또 만물 안에서 만물을 충만케 하시는 하나님의 충만인 그분의 몸된 교회에 머리로 삼으시고, 허물과 죄들 때문에 죽었던 성도들을 다시 살리신 그 능력을 알게 해달라고 기도하고 있다.

이제 이것은 오순절에 성취된 사실로서 소개된 것 외에 추가적으로 계시된 비밀이며 영광에 속한 것이다. 사실 우리는 예수님께서 죽으셨다가 부활하신 것이, 흩어진 하나님의 자녀들을 한 곳에 모으시기 위한 것임을 보게 된다. 그리스도는 자신의 보혈에 근거해서, 그들에게 평안을 선포하시고, 그들에게 자신의 손과 옆구리를 보여주셨다. 그리고 그들에게 숨을 내쉬며, "성령을 받으라."(요 20:22)고 말씀하심으로써, 그들을 그분 자신의 복된 위치와 상태에 들어가게 하셨다. 그리스도는 제자들에게 아버지께서 보내실 성령에 대해서 말씀하셨지만(요 14장을 보라), 우리가 사도행전 1장에서 보는 것처럼 성령님이 아직 오시지 않았기 때문에, 그들은 아직 한 몸으로 세례(침례)를 받지 못했다. 하지만 예수님께서 하늘로 올라가시고, 성령님이 오순절에 오신 후에는 사마리아 사람들과 이방인들에게도 성령이 임하셨고, 이제는 모든 믿는 사람들은 성령에 의해서 한 몸으로 세례를 받게 되었고, 성령으로 말미암아 하나님의 거하실 처소가 되기 위하여 지상에서 함께 지어져 가고 있다. 십자가에 의해서 중간에 막힌 담이 제거되었고, 한 새 사람이, 하나님의 능력에 의해서 하나님의 우편에 앉으심으로, 머리되신 그리스도와의 연합을 통해서 형성되었다. 이제는 이방인 신자들과 유대인 신자들은 그리스도 몸의 지체로서 완전히 동등하다.

그 둘은 복음에 의해서 그리스도 안에서 약속의 공동 상속자가 되었다. 그들은 한 본성, 한 생명, 한 성령, 하나의 복된 하늘에 속한 소망을 가지고 있다. 바울은 이러한 교회의 사역자였다. 또한 바울은 비밀의 사역자였다. 이러한 하늘의 가족과 몸은 세상에 그 모습을 드러내도록 되어 있었다. 머리이신 그리스도는 믿음으로 말미암아 성도들의 마음 속에 거하셔야만 하며, 하나님의 천사들은 교회를 통해서 나타나는 하나님의 지혜를 경외심으로 감탄하는 관찰자가 되어야 했다.

이러한 교회는, 지금은 정결한 처녀로 그리스도와 정혼했지만 장차 하늘 신랑의 신부로 나타나게 될 것이다(엡 5장을 보라.). 따라서 그리스도는 교회를 장차 하늘 영광을 입은 자신의 신부로 자기 앞에 세우기 위해서 말씀으로 준비시키고 계신다. 따라서 교회는 그리스도께서 얻으신 하늘에 속한 영광과 땅에 속한 영광 모두에서 그리스도와 더불어 동참하는 동반자(co-partner)가 된다. 바로 이것이 아담과 이브의 관계를 통해서 보여주는 모형적인 그림이다.

이러한 신령한 복을 누릴 내적인 그룹(inner circle)에 들어가게 하는 일에, 물 세례(침례)는 아무 역할도 하지 못한다. 세례(침례)가 에베소서에 언급되어 있기는 하지만, 사실 세례는 한 몸과 연결되는 것이 아니라 우리가 사도행전 2장에서 이미 살펴본 것처럼 그리스도의 주재권과 연결되어 있다. 에베소서 4장에는 세 그룹이 있다. 첫째, 한 몸, 한 성령, 한 소망, 둘째, 한 주님, 한 믿음, (신앙고백의 외적 형태로서) 한 세례, 셋째, 한 분 하나님과 만유의 아버지, 즉 만유 위에 계시고 만유를 통일하시고 만유 가운데 계신 아버지, 그리고 하늘과 땅에 있는 모든 족속에게 이름을 주신 아버지(엡 3장을 보라)이다. 이 세 번째는 가장 광대한 그룹을 이룬다.

세례(침례)에 대해서 생각해보면, 그리스도께서는 바울로 하여금 세례(침례)를 주려고 보내신 것이 아니라 그리스도의 복음을 전하도록 보내셨다. 고린도전서는 바울이 사역했던 교회의 이중적인 측면을 소개하고 있는데, 곧 하나님의 성전(고전 3장)과 그리스도의 몸(고전 12장)으로서 교회의 모습이다. 에베소서는 하나님의 계획의 대상으로서 교회의 특권을 보여준다. 반면 고린도전서는 교회의 책임을 보여준다.

솔로몬 시대에, 솔로몬을 통해서 나타난 하나님의 지혜는 이스라엘 나라(왕국)의 지상적인 측면을 드러내주었는데, 여기에는 세 부분이 있었다. 왕국, 성전, 그리고 신부이다. 이것은 지금도 마찬가지이다. 베드로는 천국의 경영권을 가졌고, 바울은 교회의 경영권을 가졌다. 베드로와 열두 사도는 모든 민족을 제자로 삼아 세례(침례)를 주도록 보내심을 받았다. 바울은 세례(침례)를 주도록 보내심을 받은 것이 아니라 복음을 전하도록 보내심을 받았다. 바울은 세상에 의해서 거절을 당하시고 십자가에 못 박히셨으나 하나님에 의해서 영광을 받으신 그리스도를 전했다. 따라서 어느 정도는 베드로와 일치되는 부분도 있었지만, 바울은 베드로보다 더 나아간다. 하지만 성도들은 이와는 반대로, 나는 바울에게, 나는 아볼로에게, 나는 게바에게 속했다고 말했다. 바울은 너희는 "하나님으로부터 나서 그리스도 예수 안에" (고전 1:30) 있다고 말했다. 영광을 받으신 그리스도가 성도들에게 전파되었고, 하늘에 속한 영역으로 들어가는 길이 소개되었다. 고린도전서 2장에서 성령님은 이 그리스도를 밝히 보이심으로써 구약시대 선지자들이 말한 하늘에 속한 비밀들에 대해서 말씀하신다.

"하나님이 자기를 사랑하는 자들을 위하여 예비하신 모든 것은 눈으로 보지 못하고 귀로 듣지 못하고 사람의 마음으로 생각하지도 못하였다 함과 같으니라."(고전 2:9, 사 64:4도 보라.)

하늘에 속한 비밀들이 성령님에 의해서 계시되었고, 복음의 말씀들과 신약성경의 영감 받은 말씀들을 통해서 전파되었다. 이로써 성도들은 그리스도의 마음을 가지게 되었다(고전 2장).

이제 교회는 하나님의 성전으로서 이 그리스도 위에 건축되었고, 성령님은 그리스도를 이렇게 소개하셨다.

"이 닦아 둔 것 외에 능히 다른 터를 닦아 둘 자가 없으니 이 터는 곧 예수 그리스도라"(고전 3:11)

바울은 터를 놓는 위대한 건축가(the master-builder)였고, 다른 그리스도인 사역자들도 건축가로서 성령님이 거하실 집의 내부 벽을 세운다(고전 3장). 여기서 위대한 것은 참된 터이다. 신앙고백에 있어서 참된 그리스도를 고백하지 않는다면, 건축될 수 없다. 그리스도를 고백한다고 해서 꼭 구원받았다는 뜻은 아니다. 다만 참 그리스도에 대한 외적인 신앙고백은 꼭 필요하며, 그 고백의 진실여부를 확인하는 것이 필요하다. 따라서 신앙고백자들이 참된 그리스도인인지, 아니면 단순히 명목상의 고백자인지를 알아보는 시금석으로 그들이 터 위에 세우는 재료가 무엇인지, 즉 금, 은, 보석인지 아니면 나무, 짚, 풀인지가 비유적으로 언급되고 있다. 그러한 재료들로 하나님의 성전이 세상에서 건축되고 있다. 하나님의 성전에 성령님이 거하신다. 교회는 지역적으로 나타나지만 지역에만 국한되지 않고, 디모데후서 2장에서 언급하고 있는 큰 집에 이르기까지 세상에서 점점 커져만 가게 된다. 큰 집의 터는 예수 그리스도가 분명하지만, 교회가 큰 집의 상태가 되었다는 것은 입술로만 신앙을 고백하는 사람들이 교회에 가득 차게 되었다는 것을 의미한다.

"주의 이름을 부르는 자마다 불의에서 떠날지어다."(딤후 2:19)

여기서 성도를 위한 중요한 요점은 분파주의와 대조되는 교회의 참된 본질이 무엇인지를 아는 것이다. 교회는 참된 터로서 그리스도 위에 세워진 하나님의 성전이다. 교회의 참된 본질에 합당한 신앙생활을 하려면, 성도들은 교회 진리를 부인하는 모든 것으로부터 떠나야 한다. 즉 분파주의, 세상, 그리고 그리스도에 대한 거짓된 교리(교훈)을 주장하는 모든 교회를 떠나, 세상에 의해서 거절당하셨지만 하늘로 승천하신 그리스도의 이름으로만 모이는 교회, 즉 그리스도만을 참된 터와 모퉁이 돌로 삼고, 교회 가운데 임재하신 성령님의 주권에 순복함으로써 성령님이 교회 안에 거하시고 교회의 모든 일을 감독하시는 교회와 함께 해야 한다. 고린도전서 5장에 보면, 우리는 고린도 교회가 지역 교회로서 지역성을 띠면서, 주 예수님의 이름이라는 근거 위에 모임으로써 권징을 행하는 것을 볼 수 있다. 고린도교회는 그 두 가지 원리 위에 서있었기 때문에 자기 중에 있는 악을 제거할 수 있는 주 예수 그리스도의 권세를 가지고 있었다. 그렇게 그들은 절기를 지켜야 했다. 하나의 상이 준비되었고, 거기서 구속을 기념하고, 누룩으로 상징된 모든 악을 제거해야만 했다. 이것은 이스라엘 민족이 유월절과 무교병을 먹는 무교절을 지키고, 또 자신의 집에서 누룩을 없애야 했던 것과 같다. 성도들은 교회가 바로 주님의 다스림 아래서 심판이 집행되는 장소임을 인식해야 했고, 형제 간의 문제가 생겼을 때에는, 둘이나 세 명의 지혜로운 형제들이 문제를 해결하되, 결코 세상 법정에 고발함으로써 송사를 해결하려고 해서는 아니 되었다(고전 6장). 이 모든 일은 신앙고백의 영역으로서 지역교회와 연관이 있었다. 교회는 참 그리스도, 즉 성경에서 말하고 있는 그리스도 위에 세워지고 또 그 가운데 성령님의 임재를 가지고 있다. 하나님의 성전은 바로 지역 교회에 대한 그림이며, 성령님은 이 지역교회 안에 그리스도의 대리자로서, 교회의 모든 일을 감독하신다. 따라서 그리스도의 이름이 교회의 참된 터이며 모이는 중심인 것이다.

이 외적인 영역에 대한 다양한 교훈들은 고린도전서 11장까지 이어진다. 우리는 거기서 그리스도의 몸으로서 교회에 대한 가르침을 볼 수 있다. 그리스도의 몸은 오직 성령으로 세례를 받은 사람으로만 이루어진다. 하지만 주님의 상은 고린도전서 10장에서, 그리스도의 죽으심과 몸의 하나됨을 의미하는 같은 제단을 가진 성도들의 참 교제의 장소로 소개되고 있다. 이것은 유대주의자들과 이교주의자들 그룹과는 대조적인 내용이다. 그러므로 성도가 주님을 십자가에 못 박은 종교체제와 교제하거나, 귀신들에게 제사를 지낸 제단에 참여하는 것은 불가하다. 주님의 상은 성도들을 그곳에 초대하신 그리스도께서 주님으로 나타나시는 곳이며, 주님을 기억하고, 주님의 죽음을 전하고, 주님과 교제하며, 세상 모든 체제에서 분리되어 주님 자신에게로 모이는 곳이다. 따라서 세례(침례)는 천국으로 들어가게 해주고 고백의 외부 영역에 머물게 해주는 반면, 주의 상에서 성도들은 몸의 하나됨을 표현한다. 고린도전서 11장은 그리스도의 몸으로서 교회와 및 교회의 활동에 대한 바울의 가르침을 시작하는 장이다. 하지만 시작하기 전에, 창조의 질서에 대해서 먼저 교훈하고 있다(고전 11:1-16). 그리스도께서 피조세계에 오셨고, 교회는 그 창조의 참된 질서가 인정되는 곳이다. 하나님의 집 바깥 영역은 창조의 영역으로서, 여자들은 기도하고 예언할 수 있지만 여전히 자신의 머리를 덮음으로써 남자 아래 자신의 자리를 두어야 했다. 뿐만 아니라 교회 안에서도 여자는 잠잠함으로써 여전히 남자 아래 자신의 자리를 두어야 했다(고전 14장을 보라). 주의 만찬이라는 예식은 정기적으로 시행되었지만, 고린도교회 성도들은 술

취하는 절기로 바꾸었다. 고린도교회 성도들은 주의 떡과 잔을 합당하게 먹기 위해서 자신을 판단하고 살피는 것을 배울 필요가 있었다.

그리스도의 몸으로서 교회에 대한 긍정적인 교훈은 고린도전서 12장에서 볼 수 있다. 교회를 구성하는 것은 마치 하나의 몸을 구성하는 것과 같다. "몸은 하나인데 많은 지체가 있고 몸의 지체가 많으나 한 몸임과 같이 그리스도도 그러하니라 우리가 유대인이나 헬라인이나 종이나 자유자나 다 한 성령으로 세례를 받아 한 몸이 되었고 또 다 한 성령을 마시게 하셨느니라"(고전 12:12,13) 따라서 성령의 세례는 오순절 그리스도의 몸을 형성하고(행 1:5) 또 몸의 하나됨을 이루었다. 그리스도는 머리시고, 성령님은 지상에 있는 신자들을 그리스도와 연합시킬 뿐만 아니라 신자들이 어디에 있든지 서로를 하나로 연합시키신다. 고린도전서 12장 14-26절은 교회의 활동을 두 가지 요소로 설명한다. 첫째, 몸에는 하나의 지체만 있는 것이 아니라 여러 지체가 있다. 머리이신 그리스도의 영으로서 성령님은 한 지체 속에서가 아니라 많은 지체들 가운데서 역사하신다. 이것은 한 사람이 교회의 사역 또는 제사장들의 사역을 독점하는 것에 대한 예방 조치이다. 둘째, 발이 손에게 나는 손이 아니니 몸에 붙지 아니하였다고 말할 수 없다. 이것은 독립성에 대한 예방 조치이다. 예를 들어서, 성도들이 몸의 하나됨의 근거로서 오직 주님의 이름으로

한 장소에 모이고 또 그것을 나타내기 위해서 주의 상을 한 장소에 진설했음에도, 사소한 차이 때문에 어떤 성도들이 그 상을 떠나 간증을 나누면, 그것은 몸 안에 파당을 조성하는 것이 된다. 이것이 바로 발이 팔에게 이르되 나는 네가 필요 없다고 말하는 것이다. 만일 인도자인 두 형제가 서로 다투게 되고 문제가 심화되어 서로 마음의 상처를 주고 또 성도들도 한쪽 편을 들어주게 되면, 결국은 더 이상 함께 떡을 뗄 수 없는 지경에 이르게 된다. 교회가 문제를 해결하기도 전에 먼저 떡을 떼던 상을 떠나 성도들이 따로 상을 세우면 그것은 주님의 상이 아니다. 이것은 주의 상에 대한 성경의 가르침과 반대가 되며 분열을 일으키는 것이다. 이것이 바로 원리상 종파에 속한 사람들(sects)이 한 일이다. 그들은 사소한 차이 때문에 자신을 구분하여 분리되어 나간 사람들로서, 이를 테면, 특정한 교리나 특정한 실행을 따라서 다양한 종파를 형성한 사람들이다. 성경에서 말하는 교회의 참 원리는 많은 지체들이 있지만 몸은 하나라는데 있다. 따라서 교회 안에 계급주의와 독립주의의 악은 모두 교정되어야 한다.

그렇다면 교회 안에 있는 모든 악과 계급주의와 독립주의가 발동하는 모든 곳에서, 그 모든 것을 가장 확실하게 교정할 수 있는 힘은 무엇일까? 그것은 바로 고린도전서 13장에서 소개하고 있는 사랑이다. 모든 웅변, 은사, 지식, 믿음, 구제와 죽음까지 불사하며 헌신하는 것도 사랑이 없으면 아무 것도 아니다. 사랑은 오래 참고, 친절하며, 시기하지 않으며, 자랑하지 않으며, 교만하지 않으며, 무례히 행치 않으며, 자기의 유익을 구하지 않으며, 쉽게 성내지 아니하며, 악한 것을 생각하지 아니하며, 불의를 기뻐하지 아니하며, 진리 안에서 기뻐하고, 모든 것을 참으며, 모든 것을 믿으며, 모든 것을 바라며, 모든 것을 견딘다. 이 모든 것은 그리스도와 성령께서 가지고 있는 특징으로서, 그 본성과 영은 신자들에게도 주어졌다. 따라서 사랑이 없으면 다른 모든 것은 아무 것도 아니다. 사랑이야말로 성령의 하나되게 하신 것을 유지하는 실제적인 방법인 것이다.

이 주제에 대해서 더 깊이 있게 나아가지는 않겠다. 다만 사랑은 사역의 대상과 연결되어 있으며, 사역은 두 부분, 즉 사역을 위한 은사와 지역교회의 직분으로 크게 구분된다는 점을 상기시키고 싶다. 지역교회의 직분에 대한 문제는 디모데전후서와 디도서에서 다루고 있다.

우리가 이미 살펴본 대로, 천국은 이 현재 세대, 즉 그리스도께서 거절을 당하신 이 세대 동안 자신을 기름부음을 받으신 자, 그리스도의 백성(신하)으로 고백하는 모든 사람들을 아우르고 있다. 베드로는 천국의 사역자(administrator)로서, 열두 사도들과 더불어 모든 민족을 제자로 삼고 아버지, 아들, 그리고 성령의 이름으로 세례(침례)를 주는 것이 사명이다. 베드로는 회개하는 유대인들에게 천국의 문을 열어주었고, 이후에는 이방인 고넬료에게 문을 열어주고 세례(침례) 주는 것을 허락했다. 빌립은 사마리아 사람들에게 똑같은 일을 했다. 바울은, 비록 천국의 사역자는 아니었지만, 데살로니가와 고린도, 그리고 기타 지역에서 같은 일을 했다. 그렇다면 신자의 자녀들과 가족들은 천국에 속한 사람들이다.

바울의 사역의 영역으로서 교회는 현재 세대 동안 천국의 내부 그룹에 속하며, 주님이 재림하시는 때에, 이 지상에 있는 천국을 벗어나 휴거될 것이다. 유대인과 이방인 신자들은 공동 상속자이며, 한 몸의 지체들이며, 복음에 의해서 그리스도 안에서 하나님의 약속에 참여한 자들이다. 이 교회의 영역엔 세례(침례)가 아무 효력이 없다. 그리스도는 베드로와 다른 사도들에겐 세례를 주라고 명하여 보내셨지만, 반면 바울에겐 세례를 주라고 명하여 보내신 것이 아니라 (영광의) 복음을 전하도록 보내셨다. 물론 바울을 통해서 세워진 교회에도 외적인 영역이 있다. 즉 하나님의 성전 혹은 하나님의 집은 그리스도를 참된 터로 고백하는 모든 사람들을 포함하고 있기 때문이다. 이 집은 이제 큰 집으로 엄청난 성장을 했고, 이 큰 집에는 다양한 그릇들로 가득하게 되었다. 큰 집에는 귀하게 쓰는 그릇도 있고, 천하게 쓰는 그릇도 있다. 따라서 모든 참 그리스도인들에게 이러한 말씀이 주어졌다.

"주의 이름을 부르는 자마다 불의에서 떠날지어다"(딤후 2:19)

그러므로 천국 안에 있는 악은 제거되어야 하지만, 그럼에도 모든 악은 인자가 오셔서 자기 나라에서 모든 악한 것들을 제거하실 때까지 남아있게 된다. 성도들은 불의에서 떠나야 하고, 교회의 참된 터인 그리스도의 이름으로만 모이고, 권징을 실시함으로써 교회 안에 들어온 악을 제거하고, 그리스도와 성도들이 하나의 제단에 참여하고 있음을 나타내는 주의 상에서 그리스도의 한 몸의 지체로서 그리스도를 기억하면서 떡을 떼어야 한다.

이제 세상과의 거대한 연합체를 형성하고 있는 기독교계는 천국과 교회를 서로 혼합시키고, 이 둘을 하나로 만들어 결국은 세상과 동질체가 되어 버렸다. 다양한 교단과 교파에 속한 교회들은 특정한 교리나 예식을 가지고 그리스도의 몸을 나누는 역할을 하고 있다. 예를 들어 침례교회는 침례를 참된 교회의 지체가 되는 성경적인 의미에서 벗어나, 오히려 그리스도인들을 나누어 단절의 벽을 쌓는 용도로 시행하고 있다. 이 모든 것들은 세례(침례)가 천국과 베드로의 사역과 연결되어 있으며, 물 세례(침례)가 유대인과 이방인의 구분을 없애기 위한 것임을 인식하지 못한 결과이다. 따라서 천국과 교회의 차이를 잘 구분하는 지혜가 필요하다.

저자 소개

아달벨트 펄시 세실 경
(Lord Adalbert Percy Cecil, 1841-1889)

　아달벨트 펄시 세실 경은 1841년 영국 엑서터의 두 번째 후작의 아들로 태어났다. 어린 시절 매우 유명했던 선교사, 윌리엄 하슬람 목사의 영향을 크게 받았다. 회심 후 하늘에 영광 중에 계신 그리스도와의 연합의 진리에 대한 플리머스 형제단의 가르침을 받아들였고, 그 후 영적인 일에 급속한 성장을 나타냈으며, 매우 열정적인 복음전도자가 되었다. 귀족 신분에도 불구하고 자신의 가진 모든 재산과 에너지를 주의 일에 쏟아 부었으며, 부유한 성도들과 가난한 성도들 모두와 자유롭게 어울렸다. 세상이 높은 가치를 부여하는, 신분, 직위, 재물, 영향력, 사회계급 등을 자신의 사랑하는 구주와 주님의 발아래 모두 내려놓았다.

세실 경의 삶은 성결, 자기희생, 그리고 헤아릴 수 없는 주의 일의 유용함 등으로 나타났으며, 그 결과 "많은 사람을 옳은 데로 돌아오게" 하는 일에 크게 쓰임을 받았다.

1889년 세실 경은 대영제국에서 성공적인 사역을 하다가 캐나다로 건너갔다. 평상시 인디안 전도에 많은 관심을 가지고 있던 세실 경은 인디안 신자들의 집회에 참석했다가 돌아오는 길에 배가 전복되었고, 동행했던 두 사람을 살리고 자신은 힘이 부쳐 익사했다. 이처럼 비극적인 사고에 대해서 뉴욕 타임즈에서는 "세실 경은 더 높은 곳의 사역을 위해서 부르심을 받았다."고 논평했다.

형제들의 집 도서 안내

형제들의 집 도서 안내

1. 조지 뮐러 영성의 비밀
　　　　　　　　　　　　　　조지 뮐러 지음/이종수 옮김/값 1,000원
2. 수백만을 감동시킨 사람을 감동시킨 바로 그 사람: 헨리 무어하우스
　　　　　　　　　　　　　　존 A. 비올리 지음/이종수 옮김/값 1,000원
3. 내 영혼의 만족의 노래
　　　　　　　　　　　　　　W.T.P 월스톤 지음/이종수 옮김/값 1,000원
4. 모든 일을 하나님의 영광을 위하여 하라
　　　　　　　　　　　　　　해리 아이언사이드 지음/이종수 옮김/값 1,000원
5. 잃어버린 영혼을 위해서 어떻게 기도해야 하는가
　　　　　　　　　오스왈드 샌더스, 찰스 스펄전 지음/이종수 옮김/값 1,000원
6. 윌리암 켈리의 로마서 복음의 진수
　　　　　　　　　　　　　　윌리암 켈리 지음/이종수 옮김/값 5,000원
7. 이것이 거듭남이다[개정판]
　　　　　　　　　　　　　　알프레드 깁스 지음/이종수 옮김/값 9,000원
8. 존 넬슨 다비의 영성있는 복음
　　　　　　　　　　　　　　존 넬슨 다비 지음/이종수 옮김/값 5,000원
9. 로버트 클리버 채프만의 사랑의 영성
　　　　　　　　　　　　　　로버트 C. 채프만 지음/이종수 옮김/값 5,000원
10. 영성을 깊게 하는 레위기 묵상
　　　　　　　　　　　　　　C.H. 매킨토시 외 지음/이종수 옮김/값 5,000원
11. 존 넬슨 다비의 성경주석: 빌립보서
　　　　　　　　　　　　　　존 넬슨 다비 지음/이종수 옮김/값 5,000원
12. 존 넬슨 다비의 히브리서 묵상
　　　　　　　　　　　　　　존 넬슨 다비 지음/정병은 옮김/값 9,000원
13. 조지 커팅의 영적 자유
　　　　　　　　　　　　　　조지 커팅 지음/이종수 옮김/값 4,000원
14. 윌리암 켈리의 해방의 체험
　　　　　　　　　　　　　　윌리암 켈리 지음/이종수 옮김/값 3,000원
15. 존 넬슨 다비의 성경주석: 골로새서
　　　　　　　　　　　　　　존 넬슨 다비 지음/이종수 옮김/값 7,000원
16. 구원 얻는 기도
　　　　　　　　　　　　　　　　　　　　이종수 지음/값 5,000원

17. 영혼의 성화
    프랭크 빈포드 호올 지음/이종수 옮김/값 1,000원
18. 당신은 진짜 거듭났는가?
    아더 핑크 지음/박선희 옮김/값 4,500원
19. C.H. 매킨토시의 완전한 구원
    C.H. 매킨토시 지음/이종수 옮김/값 4,600원
20. 존 넬슨 다비의 하나님의 뜻을 분별하는 법
    존 넬슨 다비 지음/이종수 옮김/값 1,000원
21. 존 넬슨 다비의 성경주석: 요한계시록
    존 넬슨 다비 지음/이종수 옮김/값 10,000원
22. 주 안에 거하라
    해밀턴 스미스, 허드슨 테일러 지음/이종수 옮김/ 값 1,000원
23. C.H. 매킨토시의 하나님의 선물
    C.H. 매킨토시 지음/이종수 옮김/값 4,000원
24. 존 넬슨 다비의 성경주석: 에베소서
    존 넬슨 다비 지음/이종수 옮김/값 8,000원
25. 존 넬슨 다비의 영적 해방
    존 넬슨 다비 지음/문영권 옮김/값 7,000원
26. 건강하고 행복한 그리스도인이 되는 법
    어거스트 반 린, J. 드와이트 펜테코스트지음/ 값 1,000원
27. 존 넬슨 다비의 성경주석: 로마서
    존 넬슨 다비 지음/문영권 옮김/값 12,000원
28. 존 넬슨 다비의 성화의 길
    존 넬슨 다비 지음/이종수 옮김/값 4,500원
29. 기독교 신앙에 회의적인 사랑하는 나의 친구에게
    로버트 A. 래이드로 지음/박선희 옮김/값 5,000원
30. 이수원 선교사 이야기
    더글라스 나이스웬더 지음/이종수 옮김/값 5,000원
31. 체험을 위한 성령의 내주, 그리고 충만
    조지 커팅 지음/이종수 옮김/값 4,500원
32. 존 넬슨 다비의 성경주석: 갈라디아서
    존 넬슨 다비 지음/이종수 옮김/값 4,800원
33. 존 넬슨 다비의 성경주석: 요한서신서 · 유다서
    존 넬슨 다비 지음/문영권 옮김/값 8,000원

34. 존 넬슨 다비의 성경주석: 데살로니가전・후서
존 넬슨 다비 지음/이종수 옮김/값 8,000원
35. 그리스도와의 연합과 구원(성경공부교재)
문영권 지음/값 2,500원
36. 그리스도와의 연합과 성화(성경공부교재)
문영권 지음/값 3,000원
37. 사도라 불린 영적 거장들
이종수 지음/값 7,000원
38. 당신은 진짜 하나님을 신뢰하는가
조지 뮬러 지음/ 이종수 옮김/값 4,500원
39. 그리스도와 연합된 천상적 교회가 가진 영광스러운 교회의 소망
존 넬슨 다비 지음/ 문영권 옮김/ 값 13,000원
40. 가나안 영적 전쟁과 하나님의 전신갑주
존 넬슨 다비 지음/ 이종수 옮김/ 값 2,000원
41. 죄 사함, 칭의 그리고 성화의 진리
고든 헨리 해이호우 지음/ 이종수 옮김/ 값 2,000원
42. 하나님을 찾는 지성인, 이것이 궁금하다!
김종만 지음/ 값 10,000원
43. 이것이 그리스도의 심판대이다
이종수 엮음/ 값 8,000원
44. 존 넬슨 다비의 성경주석: 마태복음
존 넬슨 다비 지음/이종수 옮김/값 16,000원
45. C.H. 매킨토시의 하나님에 관한 진실
C.H. 매킨토시 지음/이종수 옮김/값 1,000원
46. 존 넬슨 다비의 성경주석: 여호수아
존 넬슨 다비 지음/문영권 옮김/값 8,000원
47. 찰스 스탠리의 당신의 남편은 누구인가
찰스 스탠리 지음/이종수 옮김/값 4,000원
48. 존 넬슨 다비의 성령론
존 넬슨 다비 지음/이종수 옮김/값 13,000원
49. 존 넬슨 다비의 영적 해방의 실제
존 넬슨 다비 지음/이종수 옮김/값 5,000원
50. 존 넬슨 다비의 주요사상연구: 다비와 친구되기
문영권 지음/값 5,000원

51. 존 넬슨 다비의 죽음 이후 영혼의 상태
존 넬슨 다비 지음/이종수 옮김/값 5,000원

52. 신학자 존 넬슨 다비 평전
이종수 지음/ 값 7,000원

53. 존 넬슨 다비의 요한복음 묵상
존 넬슨 다비 지음/이종수 옮김/값 8,000원

54. 프레드릭 W. 그랜트의 영적 해방이란 무엇인가
프레드릭 W. 그랜트 지음/이종수 옮김/값 4,500원

55. 홍해와 요단강을 통해서 나타난 하나님의 구원
윌리암 켈리 지음/ 이종수 옮김/ 값 4,800원

56. 그리스도와의 연합을 위한 성령의 역사
윌리암 켈리 지음/ 이종수 옮김/ 값 19,000원

57. 누가, 그리스도인인가?
시드니 롱 제이콥 지음/ 박영민 옮김/ 값 7,000원

58. 선교사가 결코 쓰지 않은 편지
프레드릭 L. 코신 지음 / 이종수 옮김/ 값 9,000원

59. 사랑의 영성으로 성자의 삶을 살다간 로버트 채프만
프랭크 홈즈 지음 / 이종수 옮김/ 값 8,500원

60. 므비보셋, 룻, 그리고 욥 이야기
찰스 스탠리 지음 / 이종수 옮김/ 값 7,500원

61. 구원의 근본 진리
에드워드 데넷 지음 / 이종수 옮김/ 값 6,500원

62. 회복된 진리, 6+1
에드워드 데넷 지음/ 이종수 옮김/ 값 6,000원

63. 당신의 상상보다 더 큰 구원
프랭크 빈포드 호올 지음/ 이종수 옮김/ 값 6,500원

64. 뿌리 깊은 영성의 그리스도인으로 사는 법
찰스 앤드류 코우츠 지음/ 이종수 옮김/ 값 9,000원

65. 천국의 비밀 : 천국, 하나님 나라, 그리고 교회의 차이
프레드릭 W. 그랜트 & 아달펠트 P. 세실 지음/이종수 옮김/값 7,000원

Originally published under the title of
"The Mysteries of the Kingdom of Heaven"
by F. W. Grant
"The Kingdom and the Church, Peter and Paul's Ministry"
by A. P. Cecil
Copyright©Les Hodgett, Stem Publishing
7 Primrose Way, Cliffsend, Ramsgate, Kent, U.K.

Korean translation copyright
ⓒ 2014 by Brethren House, Korea
All rights reserved

천국의 비밀
ⓒ형제들의 집 2014

초판 발행 • 2014.5.2
지은이 • 프레드릭 W. 그랜트 & 아달벨트 P. 세실
옮긴이 • 이 종 수
발행처 • 형제들의집
판권ⓒ형제들의집 2014
등록 제 7-313호(2006.2.6)
Cell. 010-9317-9103
홈페이지 http://brethrenhouse.co.kr
카페 cafe.daum.net/BrethrenHouse
ISBN 978-89-93141-65-8 03230

＊값은 뒤표지에 있습니다.
＊잘못된 책은 바꿔드립니다.
＊서점공급처는 〈생명의말씀사〉입니다. 전화(02) 3159-7979(영업부)